LES MÉTAMORPHOSES DE LA DISTINCTION

Inégalités culturelles dans la France d'aujourd'hui

PHILIPPE COULANGEON

LES MÉTAMORPHOSES DE LA DISTINCTION

Inégalités culturelles dans la France d'aujourd'hui

BERNARD GRASSET
PARIS

Collection Mondes Vécus dirigée par
PATRICK SAVIDAN

ISBN 978-2-246-76971-2

Introduction

Rarement les mondes de l'art, de la culture, de l'Education et de la recherche auront connu, en France, si l'on excepte la période de mai 1968, une telle convergence de mouvements sociaux que celle qui s'observe depuis le milieu des années 2000. De conflits des intermittents du spectacle en mouvements de sauvegarde de la recherche ou de la statistique publique, de grèves contre la loi d'autonomie des universités en manifestations de défense des budgets de l'Education et de la Culture, la vigueur de ces mobilisations a parfois été interprétée comme une réponse à l'« anti-intellectualisme d'Etat », qui, pour reprendre les termes de l'« Appel contre la guerre à l'intelligence » lancé en 2004 par la rédaction des *Inrockuptibles*, régnerait aujourd'hui dans les cercles du pouvoir.

Les démonstrations répétées, depuis 2007, du goût immodéré du président Sarkozy pour les signes ostentatoires de la richesse, de sa proximité clinquante avec l'univers du show-business et de l'argent, associées à la manifestation d'un certain mépris pour le savoir et l'expertise scientifique, en particulier dans le domaine des sciences sociales et des humanités, participent indéniablement d'une forme de populisme culturel qui n'a sans doute pas peu contribué à la vigueur de ces mobilisations[1].

Abondamment brocardée, l'inculture supposée du président Sarkozy, la médiocrité réputée de son pedigree scolaire et universitaire, de pair avec la familiarité et l'approximation syntaxique de son langage figurent même aujourd'hui parmi les cibles privilégiées de la critique du pouvoir, à l'origine d'une veine éditoriale prolifique et de succès de librairie spectaculaires[2].

---

1. Sur ce sujet, voir notamment Emmanuel Todd, *Après la démocratie*, Paris, Gallimard, 2008, en particulier pp. 42-65.

2. On citera notamment la trilogie des *Chroniques du règne de Nicolas I*er de Patrick Rambaud (Paris, Grasset, 2008, 2009 et 2010), grand maître du pastiche littéraire, le très pamphlétaire *Guy Môquet au Fouquet's* de Pierre-Louis Basse (Sainte-Marguerite-sur-Mer, Editions des Equateurs, 2007), ou encore, dans un genre moins satirique, *La nuit du Fouquet's*, des journalistes

Au-delà de la personnalité du président de la République, le sentiment diffus d'une sorte de triomphe des « philistins » semble ainsi s'être répandu. La société française n'a pourtant pas radicalement changé au cours des dix dernières années. Le « capital culturel », en particulier sous sa forme scolaire, continue d'orienter très puissamment les trajectoires sociales. Au terme de trois décennies d'une expansion scolaire sans précédent, il est même vraisemblable que le niveau moyen d'éducation des Français se soit sensiblement élevé et que la valeur sociale des diplômes n'ait jamais été aussi forte qu'aujourd'hui, comme le montrent, *a contrario*, les difficultés d'insertion professionnelle considérablement accrues des non-diplômés[1].

Il n'empêche, les prophètes du déclin de la culture font recette, sur fond de mise en

---

Ariane Chemin et Judith Perrignon (Paris, Fayard, 2007), qui relate par le menu et avec une assez cruelle ironie la très « people » soirée du deuxième tour de la présidentielle de 2007, ainsi, bien entendu, que le désormais fameux *De quoi Sarkozy est-il le nom ?* du philosophe Alain Badiou. On notera du reste que cette vague littéraire n'a pas même épargné des auteurs plutôt classés à droite, comme en témoigne le réquisitoire de Sébastien Lapaque, chroniqueur au *Figaro littéraire*, *Il faut qu'il parte* (Paris, Stock, 2008).

1. Sur cette idée, voir notamment Eric Maurin, *La peur du déclassement. Une sociologie des récessions*, Paris, Le Seuil, 2009.

scène tapageuse d'une présidence « bling-bling » qui viendrait couronner le lent effondrement d'un ordre ancien, dominé par le prestige de la culture littéraire et des humanités, règne de l'écrit désormais mis à mal par celui de l'écran, et d'élites corrompues par une culture massifiée vantant opportunément les vertus du bonheur matériel et de la fortune.

L'humeur portée par ce divorce des élites du savoir et des élites du pouvoir alimente ainsi çà et là une étrange nostalgie pour une méritocratie dont on avait pourtant plutôt pris l'habitude de souligner les mystifications idéologiques, comme si la violence symbolique de la culture apparaissait rétrospectivement plus clémente que celle de l'argent, la *distinction*[1] préférable à la ploutocratie.

Elle nourrit aussi un certain désarroi à l'égard des vertus émancipatrices naguère prêtées à la démocratisation de la culture et de l'éducation. Faut-il se ranger à l'idée qu'en dépit de leur valeur sociale renforcée, les diplômes verraient inévitablement leur « niveau » s'affaiblir à mesure qu'ils se multiplient ? Que la

1. On fait ici référence à l'ouvrage éponyme de Pierre Bourdieu, dont il sera beaucoup question dans la suite de ce livre, *La distinction. Critique social du jugement*, Paris, Editions de Minuit, 1979.

dévalorisation relative des ressources culturelles serait consubstantielle à leur diffusion, dans un contexte marqué, en sens inverse, par un accroissement « par le haut » des inégalités de richesse ?

Tout ceci invite au fond à se pencher sur l'articulation contemporaine des composantes culturelles et économiques de la structure des inégalités ou, pour le dire dans un langage peut-être plus chargé, mais qui continue néanmoins de faire sens, de la structure des rapports de classe. Bien des sociologues se sont démarqués de ce point de vue, dans les années 1960 et 1970, de l'orthodoxie marxiste, qui voyait dans la nature des rapports de production le déterminant unique de la division de la société en classes, en mettant en particulier en avant la composante culturelle des inégalités et les dimensions symboliques de la domination sociale.

Avec le recul, il est pourtant permis de se demander si ce regard porté sur les inégalités n'a pas parfois contribué à en minimiser indûment les aspects les plus prosaïquement matériels. Après tout, les comparaisons internationales montrent que, sur le long terme, ce sont bien les sociétés dans lesquelles la progression des inégalités de revenu a été le plus fermement contenue au cours des trente dernières années – c'est-à-dire, globalement, les pays d'Europe du Nord – où la réduction des inégalités scolaires et culturelles a été la plus forte, et non l'inverse[1]. D'autres travaux récents montrent en France, par exemple, l'impact considérable des conditions de logement sur la formation des inégalités scolaires, indépendamment des ressources culturelles des parents[2].

L'ensemble de ces interrogations fournit la matière principale de ce livre qui est traversé par quatre questions : quel est aujourd'hui le rôle de la culture dans la structuration des rapports sociaux, des rapports « de classe » et dans quelle mesure celui-ci s'est-il réellement affaibli ? Quelles sont à cet égard les conséquences de l'expansion scolaire qui s'est produite depuis la fin des années 1960 et, plus encore, au cours des années 1980 et 1990 ? Quel est de ce point de vue l'impact des politiques publiques de l'Education mais aussi de

---

1. Voir Yossi Shavit et Hans-Peter Blossfeld (dir.), *Persistent inequality : Changing educational attainment in thirteen countries*, Boulder, Westview Press, 1993.

2. Voir Dominique Goux et Eric Maurin, « La persistance du lien entre pauvreté et échec scolaire », *France, portrait social*, Paris, INSEE, 2000, pp. 87-98.

la Culture ? Comment ont évolué, à la faveur de ces transformations, les normes de la légitimité culturelle ?

Chapitre 1

LA CULTURE EST-ELLE TOUJOURS CLASSANTE ?

Les écarts de dotation en « capital culturel » sont de longue date crédités en France, dans le sillage des thèses développées par Pierre Bourdieu et Jean-Claude Passeron au tournant des années 1960 et 1970, d'un fort pouvoir de structuration des inégalités sociales. La portée de cette thèse, qui continue d'exercer une forte influence sur les représentations contemporaines du monde social, a pourtant depuis lors été amplement discutée, sous l'angle notamment de son extensibilité au-delà du contexte historique et national où elles ont vu le jour[1]. Celle-ci livre-t-elle l'image, inévitablement datée, d'une France

1. C'est en particulier la thèse défendue par Michèle Lamont dans *La morale et l'argent : les valeurs des cadres en France et aux Etats-Unis*, Paris, Métailié, 1995.

révolue ou fournit-elle au contraire des instruments d'analyse qui demeurent aujourd'hui pertinents ?

Trente ans après « La distinction »

La composante culturelle des inégalités sociales est largement connue et amplement documentée. Elle se manifeste d'abord à travers les écarts de réussite scolaire qui se forment très tôt, dès l'école primaire, selon les caractéristiques sociales de l'environnement familial des élèves. On doit ainsi à Pierre Bourdieu et Jean-Claude Passeron d'avoir souligné, au tout début des années 1970, dans *La reproduction*[1], le rôle joué, dans la formation de ces écarts, par l'inégale familiarité des élèves et de leurs familles avec les codes culturels, et plus particulièrement linguistiques, dont l'Ecole sanctionnerait la maîtrise sans nécessairement

1. Pierre Bourdieu et Jean-Claude Passeron, *La reproduction. Éléments pour une théorie du système d'enseignement*, Paris, Editions de Minuit, 1970.

en assurer toujours la transmission explicite[1]. L'Ecole, autrement dit, valoriserait, au détriment des savoirs scolairement acquis, un certain nombre de compétences et d'habiletés transmises, très inégalement, par l'entourage social et familial des élèves, converties en talents individuels et en mérite scolaire. Ce biais de sélection sociale ainsi introduit au détriment des élèves issus des classes populaires alimente une bonne part des réflexions pédagogiques et sociologiques contemporaines, et un consensus assez large existe en France pour considérer que celui-ci constitue une limite évidente de la méritocratie scolaire[2].

Une théorie de la légitimité culturelle...

Le propos développé par Bourdieu et Passeron allait cependant sensiblement au-delà. Il mettait aussi plus directement en cause le rôle joué par l'institution scolaire dans la

1. Voir aussi Basil Bernstein, *Langage et classes sociales : codes socio-linguistiques et contrôle social*, Paris, Editions de Minuit, 1975.

2. Voir notamment, sur ce thème, Marie Duru-Bellat, *Le mérite contre la justice*, Paris, Presses de la Fondation nationale des sciences politiques, 2009.

pérennisation de l'ordre social et des hiérarchies culturelles. En sanctionnant la maîtrise de codes socialement situés, l'Ecole conférait aussi, selon eux, à l'arbitraire culturel des classes dominantes la neutralité apparente de la légitimité scolaire. Dans *La distinction* – publié en 1979, mais reposant pour l'essentiel sur des données collectées dans les années 1960 – Bourdieu devait ensuite étendre l'examen des implications de cette théorie de la légitimité culturelle à l'ensemble des traits constitutifs des styles de vie : consommation, habitudes alimentaires, loisirs, pratiques culturelles, opinions politiques, etc.

La postérité retiendra de l'ouvrage une exploration méticuleuse de la stratification sociale des goûts et des styles de vie où les « manières » de consommer importaient autant, sinon davantage, que les produits consommés ou l'objet des pratiques, alimentaires, culturelles, vestimentaires, etc. Bref, une exploration de tout ce qui, comme le dit le langage commun, fait la « classe » ou son absence.

Cette analyse de la composante symbolique des rapports de classe, qui mobilisait une grande variété d'outils et de matériaux (enquêtes statistiques, observations ethnographiques, documents iconographiques, analyse de discours), était structurée par une hypothèse forte, celle d'« homologie structurale » (c'est-à-dire de correspondance plus ou moins systématique) entre l'espace des positions sociales et l'espace des styles de vie. La mise en avant de ce principe structurant, qui contribuait à un enrichissement très significatif de la théorie des classes sociales, alors assez largement dominée par une certaine orthodoxie marxiste, peu attentive à ces dimensions, s'appuyait sur l'articulation d'une hiérarchisation « verticale » et d'une segmentation « horizontale » des styles de vie. La stratification sociale des attitudes ne hiérarchisait ainsi pas seulement les goûts et les styles de vie des classes populaires et des classes supérieures. Elle différenciait beaucoup plus finement, et plus particulièrement au sein des classes moyennes et supérieures, les propriétés caractéristiques des différentes « fractions » de classe, selon que celles-ci étaient davantage dotées en ressources économiques (revenu et patrimoine) ou en ressources culturelles (en particulier scolaires).

Considérée à son niveau d'agrégation le plus élevé, l'analyse en termes de classes sociales rend ainsi très imparfaitement compte de cette bidimensionnalité de la structure sociale des goûts, des attitudes culturelles et des styles de vie, qui s'observe davantage à un niveau plus précis, tel que l'autorise la nomenclature détaillée des catégories socio-professionnelles de l'INSEE, par exemple.

Cette structuration est particulièrement sensible, non seulement au niveau de l'éducation, mais aussi au contenu des cursus scolaires (littéraire, scientifique, technique, commercial, etc.) et à la nature des diplômes (général ou professionnel). La description de la topographie des styles de vie se heurte de ce point de vue aux limites de la statistique d'enquête, du fait de la faiblesse des effectifs de certains groupes sociaux, dont l'étude ethnographique s'avère de ce fait beaucoup plus efficace. On pense en particulier à certaines fractions de la haute bourgeoisie, du patronat des grandes entreprises ou des reliquats de l'aristocratie traditionnelle, si finement étudiés dans les enquêtes de Michel Pinçon et Monique Pinçon-Charlot, notamment[1], dont la faiblesse numérique n'obère pas l'importance symbolique.

Plus largement, certains groupes d'effectifs réduits exercent, dans la diffusion des styles

1. Voir *Dans les beaux quartiers*, Paris, Le Seuil, 1989.

de vie, des normes culturelles, des valeurs morales ou politiques, une fonction prescriptrice sans rapport avec leur poids démographique, comme on peut l'observer par exemple pour certains groupes professionnels relevant du monde de la culture, de la mode, des médias ou de la communication[1].

... et de la violence symbolique

Les thèses exposées dans *La distinction* s'inscrivaient aussi dans le prolongement de travaux consacrés, une dizaine d'années auparavant, aux conséquences sociales de l'expansion économique des années d'après-guerre, par l'équipe de sociologues, d'économistes et de statisticiens réunis autour de Pierre Bourdieu dans le collectif « Darras »[2]. Dans un ouvrage publié en 1966, *Le partage des bénéfices*[3], ceux-

1. Sur ce sujet, voir les thèses, très en vogue, de Richard Florida, *The Rise of the Creative Class : And How It's Transforming Work, Leisure, Community and Everyday Life*, New York, Basic Books, 2002.

2. L'acronyme fait en fait référence au cercle Noroît de la ville d'Arras où fut précisément organisé, en juin 1965, un colloque consacré aux transformations de la société française d'après-guerre par les membres de cette équipe.

3. Cf. Darras, *Le partage des bénéfices. Expansion et inégalités en France*, Paris, Editions de Minuit, 1966.

ci analysaient en particulier l'émergence de classes moyennes et supérieures salariées et dotées de certifications scolaires et universitaires plus élevées que par le passé, résultat d'un processus de « conversion des capitaux » en vertu duquel les générations montantes de la petite et moyenne bourgeoisie ne parvenaient à maintenir leur position sociale qu'au prix d'un investissement scolaire rendu nécessaire, dans un contexte de concentration industrielle et de déclin du petit commerce et de l'artisanat, par la dévaluation du rendement social et économique de leurs héritages patrimoniaux.

L'attention prêtée à la dimension symbolique des rapports sociaux était alors d'autant plus grande que la posture critique revendiquée par Bourdieu et ses proches faisait face à une vision optimiste des conséquences sociales de la croissance des Trente Glorieuses, et notamment de la diffusion des biens de consommation et de l'accès au confort matériel, dont on trouve notamment la trace dans les thèses de la « moyennisation » des styles de vie défendues par Henri Mendras, qu'il inscrivait dans un mouvement plus général de transformation de la structure hiérarchique d'une société française aux élites resserrées et dominée par une immense classe moyenne (la « constellation centrale »).

En écrivant, dans *Le partage des bénéfices*, que « les inégalités semblent s'être transférées du domaine des consommations matérielles (bien que les différences de qualité n'en soient pas absentes) au domaine des consommations symboliques[1] », Bourdieu préfigurait ainsi l'accent mis, dans *La distinction*, sur les formes de « violence symbolique » des classes dominantes, à travers l'imposition des normes du « goût » et de la culture, mais aussi des usages alimentaires, des manières de parler ou de se vêtir, notamment. L'ensemble de ces marqueurs de statut, dans lesquels se jouent les mécanismes de clôture et d'exclusion, de reconnaissance et de mise à distance, de légitimation et d'anathème culturel, concourait ainsi selon Bourdieu à la définition et au maintien d'un ordre social d'autant plus difficile à mettre en cause que celui-ci s'appuyait sur l'apparente neutralité des principes qui en assuraient la pérennité.

Ce concept de « violence symbolique » évoque plus largement les formes insidieuses

1. *Ibid.*, p. 125.

de disqualification auxquelles contribue la diffusion des normes de la légitimité culturelle, en abandonnant les « perdants » de la compétition statutaire à leurs seules carences personnelles – ou supposées telles. Dans un livre plus ancien que *La distinction*, *The Hidden Injuries of Class* (littéralement, *les blessures cachées de la classe*), Richard Sennett et Jonathan Cobb montraient ainsi déjà les dommages psychologiques associés à la diffusion, au sein de la classe ouvrière américaine, d'une conception étroitement individuelle de la responsabilité et du mérite, qui se manifestait notamment par l'expression de formes d'auto-dénigrement des styles de vie et de la culture ouvrière[1].

L'attention assez largement portée aujourd'hui aux questions de discriminations ethno-raciales ne saurait de ce point de vue faire oublier les formes ordinaires de discrimination par la culture ou par la « classe » – à tous les sens du terme –, telles qu'elles se manifestent en particulier dans nombre de procédures formelles et informelles de sélection et d'appariement : entretiens d'embauche, épreu-

1. Cf. Richard Sennett et Jonathan Cobb, *The Hidden Injuries of Class*, New York, Alfred A. Knopf, 1972.

ves orales des examens et concours, mais aussi constitution des réseaux de sociabilité amicale ou amoureuse. Nombre de réflexions contemporaines sur les limites de la méritocratie mettent ainsi en avant le rôle, dans les procédures de recrutement, notamment, de l'ensemble des compétences sociales du paraître et du savoir-être (*soft skills*) qui ne sont jamais clairement transmises dans les formes scolaires d'apprentissages[1]. En sens inverse, il ne manque pourtant pas d'arguments qui soulignent les limites des dimensions culturelles et symboliques de la stratification sociale.

Des cultures de classe à la culture de masse

La diffusion du temps libre, les progrès de la productivité du travail et la saturation croissante des besoins primaires ont de longue date alimenté l'idée d'une marche inéluctable des sociétés contemporaines vers la

1. Voir John Goldthorpe et Michelle Jackson, « Education-Based Meritocracy : The Barriers to Its Realization », *in* Annette Lareau et Dalton Conley (dir.), *Social Class. How Does It Work ?*, New York, Russell Sage Foundation, 2008, pp. 96-117 et Michelle Jackson, « How far merit selection ? Social stratification and the labour market », *British Journal of Sociology*, 58 (3), pp. 367-390.

« civilisation des loisirs », pour reprendre l'expression pionnière de Joffre Dumazedier[1], et d'une érosion programmée du pouvoir distinctif des loisirs et de la culture.

A la faveur de l'instauration des congés payés, du développement de formes d'hébergement économiques (camping, villages de vacances), de la diffusion de l'automobile et des vols charters, le tourisme et les voyages ont certes connu, depuis les années 1960, une certaine démocratisation. L'offre de biens et d'équipements culturels s'est de même considérablement accrue et fortement décentralisée, bien au-delà du centre historique de Paris et des grandes métropoles. La diffusion des médias de masse, relayée aujourd'hui par l'internet, et des produits de l'industrie culturelle a de même contribué au désenclavement de zones et de populations traditionnellement laissées pour compte de la diffusion culturelle.

L'alliance des technologies numériques et des réseaux de télécommunications engendre de ce point de vue un développement des possibilités techniques de reproduction et de

1. Voir Joffre Dumazedier, *Vers une civilisation du loisir ?*, Paris, Le Seuil, 1962.

diffusion des œuvres et des contenus qui accroît considérablement la « non-rivalité » des biens culturels, au sens que les économistes donnent à ce terme, en se fondant sur la distinction entre les biens dont l'accès est affecté par des contraintes de rareté et de rivalité entre consommateurs et ceux qui peuvent être consommés simultanément par un nombre quasi infini de consommateurs.

Toutes ces évolutions contribuent à étayer l'idée d'un abaissement des frontières symboliques dressées entre les groupes sociaux par des styles de vie cohérents et des traits culturels spécifiques, et elles alimentent aussi indirectement la thèse d'un recul des clivages de classe[1]. Ces arguments sont aussi très présents chez les théoriciens de la « postmodernité », pour qui la société de consommation, dans l'enchaînement incessant des modes et des effets d'imitation qu'elle encourage, s'appuierait sur une compétition statutaire dont elle sape et réinvente en permanence le ressort. La volatilité des modes et des normes n'est-elle pas la caractéristique intrinsèque du « système

1. C'est en particulier le point de vue défendu par Paul Kingston dans le chapitre 7 (« Class culture ») de *The Classless Society*, Stanford, Stanford University Press, 2000, pp. 119-147.

des objets[1] » ? De la « société du risque[2] » ? De la « modernité liquide[3] » ?

Ainsi, les effets de distinction culturelle seraient-ils largement perturbés par la volatilité des critères et des valeurs propre au développement de la culture de masse au sein de sociétés traversées par des clivages identitaires et culturels multiples et irréductibles aux clivages de classe (genre, ethnicité, génération)[4].

L'introuvable moyennisation des pratiques et des attitudes culturelles

Au regard des évolutions observées dans la société française au cours de ces trente ou quarante dernières années, la thèse de l'homogénéisation des styles de vie peine pourtant à convaincre l'observateur armé d'un minimum

---

1. Voir l'ouvrage éponyme de Jean Baudrillard, *Le système des objets*, Paris, Gallimard, 1968.

2. Cf. Ulrich Beck, *La société du risque. Sur la voie d'une autre modernité*, Paris, Aubier, 2001 (édition originale : 1986).

3. Cf. Zygmunt Bauman, *Liquid Modernity*, Cambridge, Polity Press, 2000.

4. Voir notamment Jan Pakulski et Malcolm Waters, *The Death of Class*, Londres, Southand Oaks et New Delhi, Sage Publications, 1996.

de données empiriques. La série des enquêtes sur les pratiques culturelles des Français effectuées par le ministère de la Culture depuis le début des années 1970 atteste ainsi de la permanence, dans l'ordre de la culture et des loisirs, d'importants clivages sociaux, qui se manifestent de manière assez spectaculaire au niveau même de l'occurrence et de la fréquence des pratiques, sans parler des différences liées aux modalités et aux contenus des pratiques.

La déclinaison fine des logiques de distinction qu'autorisent les données de ces enquêtes n'est cependant pas la seule limite posée à la prophétie radieuse de la société des loisirs, comme en atteste très prosaïquement l'évolution récente de la structure des budgets de consommation des ménages français.

La société des loisirs et ses mythes

Entre 1979 et 2006, le poids des dépenses du poste « loisirs et culture », selon la terminologie des enquêtes de l'INSEE, sur les budgets des familles, est un de ceux pour lesquels l'écart entre les ménages de cadres supérieurs et les ménages d'ouvriers s'est le plus nettement amplifié, passant de 2,3 à 5,2 points.

En sens inverse, les écarts relatifs aux dépenses contraintes liées au logement se sont amplifiés au détriment des catégories populaires. Alors qu'en 1979, les ménages de cadres supérieurs consacraient en moyenne à leur logement une part de leurs dépenses légèrement supérieure à celle des ménages ouvriers, les premiers affectent en 2006 à ce poste de dépense une part de leur budget inférieure de 7,4 points à celle des seconds.

Tableau 1 : Evolution des écarts de structure de consommation entre groupes sociaux, de 1979 à 2006 (en %)

Ecart entre les cadres, professions intellectuelles supérieures, professions libérales et les ouvriers		
	1979	2006
Produits alimentaires et boissons non alcoolisées	– 11,1	– 4,0
Santé	– 1,4	0,8
Logement, eau, gaz, électricité et autres combustibles (hors loyers fictifs)	0,2	– 7,4
Boissons alcoolisées et tabac	– 1,2	– 1,3
Education	0,8	0,5
Communications	0,8	– 0,8
Articles d'habillement et chaussures	1,2	1,0
Autres biens et services	1,3	0,7
Loisirs et culture	2,3	5,2

Meubles, articles de ménage et entretien courant de l'habitation	1,3	2,7
Hôtels, cafés et restaurants	3,5	2,7
Transports	2,3	- 0,2

Source : INSEE, Enquête Budget de famille 2006.
Champ : France métropolitaine.
Lecture : En 2006, la part moyenne des produits alimentaires et des boissons non alcoolisées dans la consommation des cadres, des professions intellectuelles supérieures et des professions libérales est inférieure de 4,0 points à celle des ouvriers.

Dans l'intervalle séparant les deux enquêtes sur les budgets de famille, la structure sociale des styles de vie semble ainsi avoir été très largement affectée par l'évolution du prix relatif des différentes catégories de biens et services. Le renchérissement du coût des dépenses liées au logement, en particulier, conséquence de l'envolée des prix de l'immobilier et des loyers, exerce sur le budget des ménages une contrainte, spécialement prononcée chez les plus modestes d'entre eux, qui pèse en retour sur la part des dépenses qu'ils peuvent consacrer aux besoins dits « secondaires », parmi lesquelles les dépenses de loisir et de culture sont particulièrement affectées.

Ces données viennent opportunément rappeler que la différenciation sociale des styles de vie n'est ni purement symbolique, ni purement culturelle. Le poids de la contrainte économique, qui se manifeste spectaculairement depuis les années 1980, a sans doute de ce point de vue été abusivement négligé, à la faveur de l'attention prioritairement portée aux écarts de dotation en ressources culturelles, dont la distribution est elle-même fortement dépendante de celle des ressources économiques. Trente ans après *La distinction*, dans un contexte qui apparaît bien davantage comme celui de la répartition du fardeau de la crise que comme celui du « partage des bénéfices », il n'est sans doute pas superflu de souligner cette dimension très prosaïque de la différenciation sociale des styles de vie.

La persistance de forts écarts dans la fréquentation des équipements culturels…

Dans le détail, les enquêtes du ministère de la Culture montrent par ailleurs que l'accès aux pratiques les plus légitimes demeure fortement inégalitaire, ce qui est particulièrement visible s'agissant de la fréquentation des musées, des monuments historiques, des théâtres, des concerts de musique classique ou des spectacles chorégraphiques, pour ne retenir que des pratiques particulièrement emblématiques de l'univers des loisirs cultivés (**figure 1**).

Figure 1 : Taux de non-fréquentation des musées, monuments historiques, théâtres, concerts classiques et spectacles chorégraphiques selon la catégorie socio-professionnelle (1973-2008)

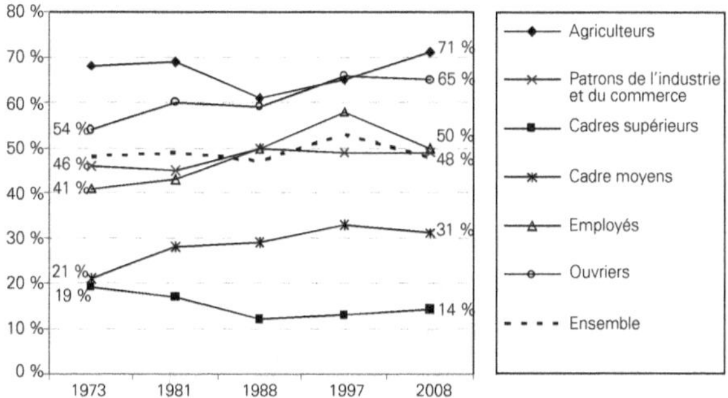

Source : Ministère de la Culture et de la Communication, Enquêtes sur les pratiques culturelles des Français 1973, 1981, 1988, 1997 et 2008.
Champ : Actifs de 15 ans et plus.

Ainsi, alors que plus de la moitié des ouvriers (54 %) n'avaient fréquenté aucun de ces équipements au cours de l'année précédant la première enquête (1973), ils étaient 65 % dans ce cas lors de la dernière enquête (2008). D'une manière générale, la proportion de Français ne fréquentant aucun de ces équipements s'est sensiblement accrue dans la plupart des groupes socio-professionnels, à l'exception des cadres supérieurs, pour lesquels cette proportion est passée de 19 à 14 % dans l'intervalle séparant la première de la dernière enquête de la série.

De plus, les écarts se sont aussi creusés concernant les pratiquants les plus assidus (ceux qui, dans l'année précédant chacune des enquêtes, avaient fréquenté au moins trois des équipements cités). Si la part de ces pratiquants assidus est passée de 34 à 43 % entre 1973 et 2008 chez les cadres supérieurs, celle-ci apparaît au mieux stable dans toutes les autres catégories (**figure 2**).

Les courbes représentées sur chacun de ces deux graphiques ordonnent en outre chacun des groupes socio-professionnels selon un principe qui, au moins pour ce qui concerne les catégories à dominante salariée, épouse assez clairement la hiérarchie sociale : les scores des cadres moyens et employés s'y trouvent en position intermédiaire par rapport à ceux des cadres supérieurs et des ouvriers. Au total, la fréquentation des équipements culturels semble ainsi affectée d'un fort gradient social, qui apparaît sensiblement plus prononcé en 2008 qu'il ne l'était en 1973.

Figure 2 : Taux de fréquentation de trois équipements culturels au moins parmi musées, monuments historiques, théâtres, concerts classiques et spectacles chorégraphiques selon la catégorie socio-professionnelle (1973-2008)

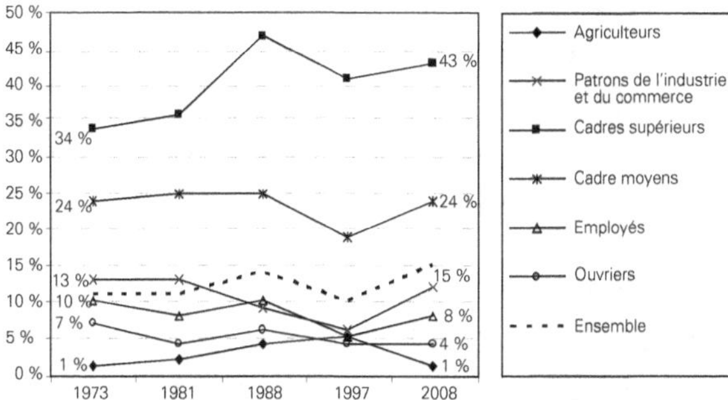

Source : Ministère de la Culture et de la Communication, Enquêtes sur les pratiques culturelles des Français 1973, 1981, 1988, 1997 et 2008.
Champ : Actifs de 15 ans et plus.

... et dans la hiérarchie des pratiques domestiques

Cette même structure hiérarchique s'observe aussi dans les pratiques domestiques. Les cadres supérieurs continuent ainsi d'être nettement plus lecteurs que les cadres moyens, les employés et les ouvriers, puisqu'ils sont un tiers à lire au moins 20 livres par an, contre 21 % chez les cadres moyens, 14 % chez les patrons de l'industrie, de l'artisanat et du commerce et chez les employés, 7 % chez les ouvriers et 5 % chez les agriculteurs. A l'inverse, ils sont beaucoup moins consommateurs de télévision.

Présente dans la quasi-totalité des foyers, la télévision occupe en effet une place sensiblement plus réduite dans les ménages de cadres que dans les ménages d'ouvriers. Elle est même le seul appareil domestique dont les taux d'équipement sont plus faibles chez les premiers que chez les seconds (respectivement 92,5 et 97 % en 2006, selon l'INSEE). Surtout, si le temps d'usage quotidien de la télévision s'est continûment accru en France depuis les années 1970, au moins jusqu'à la fin des années 1990[1], en partie du fait de l'augmentation du nombre de chaînes disponibles (câble, satellite, TNT) et de l'allongement de leur durée quotidienne de

1. Olivier Donnat souligne en effet que la comparaison des durées moyennes d'usage de la télévision renseignées dans l'enquête 2008 et de celles renseignées dix ans auparavant dans l'enquête de 1997 fait apparaître un arrêt de cette progression, en particulier chez les plus jeunes. Cf. Olivier Donnat, *Les pratiques culturelles des Français à l'ère numérique, Enquête 2008*, Paris, La Découverte, 2009, pp. 71-77.

programmation, les durées observées varient en raison inverse de la position occupée dans l'échelle sociale.

Dans l'intervalle séparant les enquêtes sur les emplois du temps de l'INSEE de 1986 et 1998, marqué par une progression globale du temps consacré à la télévision par les Français, on observait ainsi une évolution divergente des comportements des cadres, seule catégorie dont la durée quotidienne d'usage de la télévision régressait entre les deux dates, alors que celle-ci progressait sensiblement dans les autres catégories, en particulier chez les employés et les ouvriers[1]. L'ethnographie des classes populaires souligne à cet égard la centralité de la télévision dans le style de vie contemporain des familles ouvrières, signe d'une certaine « privatisation » du mode de vie ouvrier[2], et qui s'exerce en partie au détriment de formes plus traditionnelles du loisir populaire (jardinage, bricolage, jeux de société) et d'un type de sociabilité autrefois tourné davantage vers l'extérieur du foyer.

---

1. Voir Philippe Coulangeon, « Le poids de la télévision dans les loisirs. Evolution de 1986 à 1998 », *in* O. Donnat (dir.), *Regards croisés sur les pratiques culturelles*, Paris, La Documentation française, 2003.

2. Voir Olivier Schwartz, *Le monde privé des ouvriers,* Paris, Presses universitaires de France, Paris, 1989.

Ainsi, quels que soient les groupes sociaux, l'abstinence télévisuelle radicale est aujourd'hui statistiquement marginale, mais la variabilité des durées d'usage de la télévision, en dépit de sa diffusion massive, est particulièrement élevée et socialement classante.

Dans le même ordre d'idées, les habitudes en matière d'écoute musicale continuent de manifester des écarts prononcés selon les groupes sociaux. L'écoute de musique classique demeure ainsi en 2008 nettement plus fréquente chez les cadres supérieurs (ils sont 40 % dans ce cas) que chez les cadres moyens (26 %), les ouvriers (16 %) et les employés (18 %)[1]. En sens inverse, la musique de variétés, bien qu'écoutée majoritairement dans toutes les catégories, l'est sensiblement plus chez les ouvriers et les employés (66 et 70 %) que chez les cadres supérieurs (59 %)[2].

Cette forte inertie des habitudes culturelles n'est cependant pas exclusive du déclin relatif

---

1. Source : Ministère de la Culture et de la Communication, *Enquête sur les pratiques culturelles des Français*, 2008. Chiffres cités *in* Philippe Coulangeon, « Les métamorphoses de la légitimité. Classes sociales et goût musical en France, 1973-2008 », *Actes de la recherche en sciences sociales*, n° 181-182, mars 2010, pp. 88-105.

2. *Ibid.*

de certaines des pratiques réputées les plus légitimes (lecture, écoute de musique classique, notamment), qui n'épargne pas même les catégories qui en étaient traditionnellement les plus adeptes, en sorte qu'une réduction « par le haut » des écarts entre les groupes sociaux – c'est-à-dire sans que s'opère pour autant de démocratisation de l'accès à ces pratiques – peut même à cet égard être relevée.

… mais un certain déclin des profits de distinction attachés à la « haute culture »

L'évolution des habitudes en matière de lecture retient à cet égard particulièrement l'attention. La proportion de non-lecteurs a en effet augmenté, depuis une trentaine d'années, dans toutes les catégories sociales, y compris au sein des classes moyennes et supérieures, où les non-lecteurs étaient traditionnellement peu nombreux.

S'ils demeurent nettement plus nombreux, en 2008, chez les ouvriers, dont 44 % (contre 31 % en 1973) déclaraient, dans l'enquête sur les pratiques culturelles des Français, n'avoir lu aucun livre au cours de l'année, que chez les cadres supérieurs, dont seuls 7 % étaient dans ce cas (contre 5 % en 1973), les non-lecteurs ont en effet connu, depuis la première enquête en 1973, une progression particulièrement prononcée au sein des classes moyennes. Chez les employés et professions intermédiaires, la proportion de non-lecteurs est ainsi passée respectivement de 14 à 28 % et de 5 à 15 % entre 1973 et 2008. De ce point de vue, l'écart relatif entre l'ensemble formé par les cadres moyens et les employés d'une part, et les ouvriers, d'autre part, s'est réduit, tandis qu'il s'amplifiait avec les cadres supérieurs.

Bien évidemment, la lecture désigne un ensemble de pratiques et de contenus hétérogènes, et si l'on peut attribuer une part du recul de la lecture à la concurrence exercée par d'autres formes de loisirs, en particulier les loisirs numériques et audiovisuels, il est probable que les contenus et les pratiques les plus éloignés de l'univers de la lecture « savante » ou « littéraire » soient plus vulnérables que d'autres à la montée en puissance de loisirs concurrents. La lecture de romans policiers, de romans d'aventures ou de romans « sentimentaux » est ainsi sans doute plus sensible au développement de l'offre de substituts audiovisuels que la lecture des œuvres classiques ou contemporaines plus conformes aux canons de la légitimité littéraire, ou encore que certains types de lectures académiques ou scientifiques. En sorte que la progression particulièrement prononcée de la part des non-lecteurs chez les employés et les professions intermédiaires s'expliquerait davantage par le déclin de ces formes autrefois populaires de la lecture de divertissement. Ces évolutions sont du reste sans aucun doute soumises à un effet de genre : les catégories où la lecture décline le plus sont des catégories particulièrement féminisées, en particulier la catégorie des employés. Il est ainsi probable que l'évolution à l'œuvre manifeste principalement un certain déclin de la lecture féminine populaire.

Plus spectaculairement, on observe aussi, au cours de la même période, une réduction de la proportion de « gros lecteurs » qui non seulement n'épargne pas les catégories supérieures, mais y est même plus prononcée que dans toutes les autres catégories (**figure 3**). 64 % des cadres supérieurs déclaraient lire 20 livres ou plus par an en 1973, et ils ne sont plus que 33 % dans ce cas en 2008, de sorte que l'écart avec les autres catégories, où la proportion de gros lecteurs demeure certes nettement plus faible, tend néanmoins à se réduire.

Figure 3 : Pourcentage de « gros lecteurs » (20 livres ou plus par an) selon la catégorie socio-professionnelle (1973-2008)

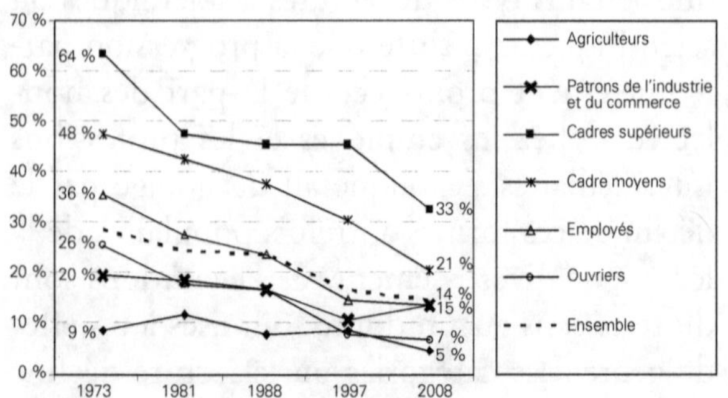

Source : Ministère de la Culture et de la Communication, Enquêtes sur les pratiques culturelles des Français 1973, 1981, 1988, 1997 et 2008.
Champ : Actifs de 15 ans et plus.

Le même type de constat vaut aussi pour la lecture de la presse, dont le déclin comporte toutefois une composante générationnelle plus affirmée – c'est principalement chez les jeunes que la lecture de la presse recule, alors qu'elle résiste assez bien chez les plus âgés –, et pour laquelle, davantage sans doute que pour la lecture de livres[1], l'interprétation des tendances observées est sans doute perturbée par la substitution des supports numériques au support papier. La mesure du « déclin » de

1. Cf. Olivier Donnat, *op. cit.*, pp. 149-151.

la lecture s'appuie en effet sur des indicateurs qui captent encore assez imparfaitement la migration des pratiques vers ces nouveaux supports. Les tendances observées sont donc vraisemblablement à nuancer. Elles n'en restent pas moins d'autant plus remarquables que la lecture constitue en elle-même l'un des symboles de la légitimité culturelle.

Dans le domaine des habitudes en matière d'écoute musicale, réputées elles aussi particulièrement « classantes », la proximité des catégories supérieures avec l'univers de la musique savante (musique classique, opéra), qui continue certes d'être plus prononcée qu'au sein des autres groupes sociaux, apparaît toutefois aujourd'hui elle aussi beaucoup plus incertaine et beaucoup moins exclusive qu'elle ne l'était dans les années 1970 ou 1980[1].

Ainsi, tandis que les écarts relatifs à la fréquentation des équipements culturels ou aux sorties, qui ont en commun, à des degrés variables, de s'effectuer en public, ne se réduisent pas, les pratiques soustraites au regard et plus conformes à l'image d'une certaine ascèse culturelle paraissent aujourd'hui

1. Cf. Philippe Coulangeon, « Les métamorphoses de la légitimité… », *art. cit.*

moins discriminantes que par le passé, du fait principalement de la relative désaffection dont elles sont l'objet au sein des catégories dominantes.

Ces tendances divergentes dénotent l'actualité des phénomènes de consommation ostentatoire décrits par Veblen il y a un peu plus d'un siècle dans sa *Théorie de la classe de loisir*[1] : la culture paraît aujourd'hui d'autant plus « classante » qu'elle se manifeste dans des pratiques particulièrement visibles, qui peuvent du reste tout aussi bien s'accompagner d'un rapport assez superficiel à leurs contenus, comme on le voit dans les manifestations les plus pures du snobisme culturel ou de la fréquentation des lieux emblématiques de la sociabilité bourgeoise, comme l'opéra.

Il n'est du reste sans doute pas indifférent de relever que ces tendances se manifestent à l'issue d'une période marquée par une expansion sans précédent de l'accès à l'éducation secondaire, dont les effets culturels demandent à être précisés.

---

1. Cf. Thorstein Veblen, *Théorie de la classe de loisir*, Paris, Gallimard, 1970 (édition originale : 1899).

Chapitre 2

LES BÉNÉFICES SOCIOCULTURELS DE L'ALLONGEMENT DE LA DURÉE DES ÉTUDES

La généralisation de l'accès à l'enseignement secondaire et l'allongement de la durée des études figurent parmi les transformations les plus spectaculaires de la société française de la seconde moitié du XXe siècle. La progression de la proportion de bacheliers par génération donne une idée de l'ampleur de ces évolutions, intervenues de surcroît sur une période relativement brève[1]. Alors que les bacheliers ne représentaient guère plus de

1. La proportion de bacheliers par génération correspond à la proportion de bacheliers d'une génération fictive d'individus qui auraient, à chaque âge, les taux de candidature et de réussite observés l'année considérée. Ce nombre est obtenu en calculant pour chaque âge, le rapport du nombre de lauréats à la population totale de cet âge, et en faisant pour chaque année la somme de ces taux par âge.

10 % d'une génération au début des années 1960, leur poids relatif, qui atteignait 25 % d'une génération au début des années 1980, a connu une progression particulièrement spectaculaire au cours de la décennie suivante, pour atteindre et dépasser 60 % en 1995[1].

Cette évolution n'est pas propre à la société française, qui se singularise toutefois par un taux d'accès au niveau de la fin des études secondaires légèrement inférieur à ceux observés dans un certain nombre de pays comparables et par le fait que cette ouverture de l'accès à l'enseignement secondaire s'y est produite plus tardivement[2].

Par ailleurs, le consensus qui a longtemps accompagné le volontarisme politique des artisans de cette expansion scolaire, illustré, dans les années 1980, par l'objectif partagé, par-delà les alternances politiques, des « 80 % d'une classe d'âge au niveau du baccalauréat », semble s'être depuis fissuré, à l'épreuve notamment des incertitudes que la diffusion

1. Source : Direction de l'évaluation, de la prospective et de la performance du ministère de l'Education nationale, 2007.

2. Sur la chronologie comparée de l'expansion scolaire dans le monde, voir J.W. Meyer, F.O. Ramirez et Y.N. Soysal, « World Expansion of Mass Education, 1870-1980 », *Sociology of Education*, 65 (2), pp. 128-149.

des titres scolaires paraît faire peser sur la « rentabilité » des diplômes. A l'épreuve, aussi, d'une interrogation plus large sur les vertus émancipatrices prêtées à l'Ecole.

La valeur et le niveau

La généralisation progressive de l'accès au second cycle de l'enseignement secondaire entretient principalement deux types de controverses. Controverses sur la « valeur » sociale des diplômes, d'une part, à travers la résurgence périodique, dans le débat public, du thème de l'« inflation scolaire » ; controverses sur le « niveau » des compétences et des connaissances transmises par l'enseignement de masse, d'autre part, à travers la déploration récurrente de l'appauvrissement culturel des générations de la massification scolaire.

Le deuxième âge de l'inflation scolaire

La thèse de l'« inflation scolaire », selon laquelle l'augmentation du nombre de diplômés diminuerait mécaniquement la valeur sociale des titres scolaires en les banalisant, n'aurait sans doute pas connu en France une aussi grande popularité si elle n'avait fait l'objet, dès l'origine, d'un consensus un peu inattendu entre des auteurs pourtant issus de courants théoriques réputés opposés. C'est ainsi dans des termes assez proches que Pierre Bourdieu et Raymond Boudon évoquaient, dans les années 1970, les effets du désajustement apparu, au cours des années 1960, entre la structure des titres scolaires et la structure des emplois offerts à leurs titulaires, et qui devait aboutir à une progression notable des situations de déclassement des diplômés de l'enseignement supérieur, dont la probabilité d'accéder à un emploi de cadre supérieur paraissait s'être réduite au fil de la décennie[1].

La remobilisation contemporaine de cette thèse s'appuie sur des arguments similaires – dérèglement de la relation formation/emploi et « panne » de l'ascenseur social – et réunit de nouveau des auteurs d'horizons assez dif-

1. Voir notamment Raymond Boudon, *Effets pervers et ordre social*, Paris, Presses universitaires de France, 1977, ainsi que Pierre Bourdieu, « Classement, déclassement, reclassement », *Actes de la recherche en sciences sociales*, n° 24, 1978, pp. 2-22.

férents : Marie Duru-Bellat[1], Louis Chauvel[2], Stéphane Beaud[3] ou, plus récemment, Camille Peugny[4]. Elle se prête du reste à des usages idéologiques caractéristiques de la rhétorique des effets pervers, au sens d'Albert Hirschman[5], propres à alimenter une certaine réaction scolaire – celle d'une régression vers un modèle scolaire plus sélectif et plus élitiste – à laquelle n'adhèrent pourtant pas la plupart des auteurs précités.

L'idée que la dévaluation des titres scolaires constituerait le corollaire inévitable de la massification scolaire ne fait cependant pas, loin s'en faut, l'unanimité. Pour certains observateurs, la pertinence des comparaisons intergénérationnelles du rendement professionnel ou salarial des diplômes sur lesquelles repose le diagnostic d'inflation scolaire est en effet problématique. C'est en particulier le point de vue défendu par Eric Maurin, selon

---

1. Cf. Marie Duru-Bellat, *L'inflation scolaire. Les désillusions de la méritocratie*, Paris, Le Seuil, 2006.

2. Cf. Louis Chauvel, « La seconde explosion scolaire : diffusion des diplômes, structure sociale et valeur des titres », *Revue de l'OFCE*, n° 66, pp. 5-36.

3. Cf. Stéphane Beaud, *80 % au bac… et après ? Les enfants de la démocratisation scolaire*, Paris, La Découverte, 2002.

4. Cf. Camille Peugny, *Le déclassement*, Paris, Grasset, 2009.

5. Cf. Albert O. Hirschman, *Deux siècles de rhétorique réactionnaire*, Paris, Fayard, 1991.

qui ces comparaisons n'auraient guère de sens, tant elles confrontent des situations en réalité incommensurables[1]. Quoi de commun, notamment, entre les bacheliers du début des années 1960, peu nombreux, fortement sélectionnés, puisque seuls les meilleurs élèves de chaque génération poursuivaient alors leurs études jusqu'au niveau du baccalauréat, et les bacheliers de la fin des années 1990, plus nombreux et mécaniquement moins sélectionnés, puisque appartenant à des générations dans lesquelles la prolongation des études jusqu'au second cycle de l'enseignement secondaire ne se limite plus à la petite minorité des très bons élèves ?

Pour le dire autrement, et en tenant aussi compte de ce que la population lycéenne de la fin des années 1990 est, du fait de la massification, socialement et culturellement plus diversifiée que celle des années 1960, les différentes générations de bacheliers et, plus largement, de diplômés de premier et deuxième

1. Voir en particulier les arguments développés par Marc Gurgand et Eric Maurin dans « Démocratisation de l'enseignement secondaire et inégalités salariales en France », *Annales. Histoire, Sciences sociales*, 2006, vol. 61, n° 4, pp. 845-859 ainsi que le livre d'Eric Maurin, *La nouvelle question scolaire. Les bénéfices de la démocratisation*, Paris, Le Seuil, 2007.

cycle universitaire, se différencient par un ensemble de caractéristiques non mesurées par le diplôme, liées en particulier au fait qu'elles n'ont pas subi le même degré de sélection, à l'origine d'une « hétérogénéité inobservée », comme le disent les économètres, qui biaise considérablement la comparaison du « destin des générations », pour reprendre le titre de l'ouvrage éponyme de Louis Chauvel[1].

Dans la mesure où ces différentes générations sont aussi confrontées à des états très différents du marché de l'emploi, il est en outre difficile de démêler l'évolution du rendement intrinsèque des diplômes – que ce soit en termes de revenu ou de carrière professionnelle – de l'effet des transformations du marché du travail, du fait notamment de l'élévation des compétences requises dans les emplois offerts et de l'évolution des comportements des entreprises et des employeurs à l'égard des titres scolaires.

La thèse de l'inflation scolaire, en considérant les emplois offerts sur le marché du travail

1. Cf. Louis Chauvel, *Le destin des générations. Structure sociale et cohortes en France au XXe siècle*, Paris, Presses universitaires de France, 1998.

comme un stock fini d'opportunités et de compétences, négligerait ainsi les effets d'entraînement liés à l'augmentation des niveaux de qualification de la population dans son ensemble, à travers notamment les gains de productivité du travail et la déformation de la structure de la demande adressée aux entreprises par une population globalement mieux dotée en capital humain.

Surtout, en se focalisant sur la comparaison intergénérationnelle du sort des diplômés de l'enseignement secondaire et supérieur, les contempteurs des effets pervers de la massification scolaire et de ses désillusions ne négligent-ils pas le sort réservé à ceux qui en sont précisément écartés ? De fait, si la massification scolaire a un prix, c'est bien d'abord celui qu'acquittent celles et ceux qui, dépourvus de diplômes, voient leur handicap relatif sur le marché de l'emploi considérablement accentué par rapport à la période antérieure[1]. C'est ainsi notamment que l'effet protecteur du diplôme à l'égard du chômage ou de l'emploi précaire apparaît, par comparaison

1. C'est en particulier le point de vue que défendaient Christian Baudelot et Roger Establet dans *Avoir 30 ans en 1968 et en 1998*, Paris, Le Seuil, 2000.

à la situation des non-diplômés, considérablement renforcé, en dépit du fait que l'élévation des taux de chômage, qui n'épargne pas les diplômés – nettement moins affectés que les non-diplômés cependant –, réduit inévitablement la visibilité de cet effet protecteur[1].

Pour autant que la critique de la thèse de l'inflation scolaire soit objectivement fondée, la perception subjective que les individus ont de l'évolution de la valeur de leurs diplômes ne peut cependant être tenue pour un fait négligeable, tant celle-ci est parfois lourde de frustrations, de désillusions, et de ressentiment. Autrement dit, quand bien même la comparaison intergénérationnelle des rendements de l'investissement scolaire serait méthodologiquement erronée, force est de constater que les personnes concrètes n'ont de cesse d'effectuer ce type de comparaison et d'y ajuster leurs aspirations. Les querelles incessantes qui entourent la question du « niveau » scolaire des générations de la massification possèdent de ce point de vue des propriétés assez semblables.

---

1. Eric Maurin, *La peur du déclassement. Une sociologie des récessions*, Paris, Le Seuil, 2009.

Le niveau monte-t-il (toujours) ?

Au nombre des effets réputés pervers de la massification scolaire, l'idée selon laquelle l'élargissement de l'accès à l'enseignement secondaire et supérieur se serait inévitablement accompagné d'une altération du niveau des connaissances et des compétences certifiées par les diplômes mobilise des arguments d'une nature assez proche de celle des arguments sur lesquels s'appuie la thèse de l'inflation des diplômes, bien que ceux-ci ne soient pas systématiquement convoqués par les mêmes protagonistes. Le pessimisme culturel des contempteurs de la baisse du niveau, objet d'une abondante production éditoriale dominée par la nostalgie d'un âge d'or de l'école républicaine assez largement fantasmé – aveugle, en particulier, au caractère proprement ségrégationniste d'une institution scolaire longtemps fondée sur l'exclusion précoce du plus grand nombre de l'accès aux filières longues de l'enseignement – et la déploration d'une perte des repères et des valeurs qui n'épargnerait pas même les catégories les plus scolarisées, est en effet assez peu prisé des sociologues.

De « *défaite de la pensée*[1] » en « *fabrique du crétin*[2] », les conséquences de la massification de l'enseignement sur les formes et les contenus de la transmission scolaire, ainsi plus largement que sur les attitudes culturelles, les modes de vie, les opinions ou les valeurs, paraissent ainsi avoir été davantage commentées qu'analysées, en s'appuyant le plus souvent sur un mélange de préjugés idéologiques et d'approximations. Elles ont de ce fait essentiellement donné lieu, dans le champ des sciences sociales, à de vigoureuses réfutations, à l'image, en 1989, de l'ouvrage de Christian Baudelot et Roger Establet, au titre volontiers provocateur – *Le niveau monte* –, dans lequel ceux-ci soulignaient tout à la fois l'ancienneté de cette vision décliniste et la fragilité de ses fondements empiriques[3].

S'appuyant sur la comparaison des tests soumis dans les mêmes termes aux jeunes conscrits de 1967 et 1982 dans les centres de présélection de l'armée, Baudelot et Establet

1. Cf. Alain Finkielkraut, *La défaite de la pensée*, Paris, Gallimard, 1987.

2. Cf. Jean-Paul Brighelli, *La fabrique du crétin. La mort programmée de l'école*, Paris, Jean-Claude Gawsewitch Editeur, 2005.

3. Cf. Christian Baudelot et Roger Establet, *Le niveau monte. Réfutation d'une vieille idée concernant la prétendue décadence de nos écoles*, Paris, Le Seuil, 1989.

relevaient alors une progression substantielle du niveau moyen des aptitudes psycho-cognitives mesurées par ces tests. Dans le détail, l'analyse montrait toutefois que cette progression résultait pour l'essentiel d'un effet de structure, imputable à l'accroissement du poids relatif des bacheliers et diplômés de l'enseignement supérieur dans la population des conscrits entre 1967 et 1982, et à la réduction corrélative de la part des non-diplômés et des titulaires du seul certificat d'études. Observée à chaque niveau de diplôme, la progression des performances apparaissait plus mitigée. Assez sensible chez les non-diplômés, du fait d'un recul des situations d'illettrisme entre les deux dates, celle-ci l'était beaucoup moins chez les bacheliers et les diplômés de l'enseignement supérieur, et moins encore chez les titulaires du CEP, d'un CAP ou du brevet des collèges, dont les performances s'étaient même sensiblement dégradées dans l'intervalle couvert par la comparaison.

A peu près à la même époque, André Chervel et Danièle Manesse soumettaient à un échantillon représentatif des écoliers et collégiens de 1987 un texte de dictée soumis un peu plus d'un siècle auparavant, en 1873, à de jeunes écoliers français, dont plus de 3 000 copies avaient été conservées et archivées, et la comparaison des deux échantillons s'avérait plutôt favorable aux élèves de 1987, dont les compétences orthographiques apparaissaient tout à la fois plus élevées et moins dispersées que celles des écoliers de 1873[1].

La portée et la chronologie de ces évolutions sont toutefois sujettes à controverse, comme le suggère la réplication, en 1995, auprès d'un échantillon d'élèves de classes de 6e, 5e et 4e, des épreuves de français et de calcul du certificat d'études primaires des années 1923 à 1925[2]. Si les résultats des élèves de 1995 apparaissaient alors supérieurs à ceux des élèves des années 1920 s'agissant de l'épreuve de rédaction, ils étaient en revanche à peu près équivalents dans les épreuves de calcul et dans les questions de dictée, de vocabulaire et de compréhension,

1. Cf. André Chervel et Danièle Manesse, *La dictée. Les Français et l'orthographe, 1873-1987*, Paris, Calmann-Lévy, 1989.

2. Cf. V. Dejonghe, J. Levasseur, B. Alinaud, C. Peretti, J.-C. Petrone, C. Pons, C. Thélot, « Connaissances en français et en calcul des élèves des années vingt et d'aujourd'hui : comparaison à partir des épreuves du certificat d'études primaires », *Les Dossiers d'éducation et formations*, n° 62, Ministère de l'Education nationale, de l'Enseignement supérieur et de la Recherche, Direction de l'évaluation et de la prospective, février 1996.

mais, surtout, nettement inférieurs en orthographe et en grammaire.

La diminution des performances orthographiques observées dans les copies du certificat d'études entre les années 1920 et les années 1990 suggérait ainsi que la progression observée quelques années plus tôt pourrait en réalité avoir été acquise dans les dernières décennies du XIXe siècle, à la faveur de la généralisation de l'enseignement primaire, et avoir été suivie d'une longue période de stagnation puis de réduction des performances orthographiques au cours du siècle suivant.

Ces résultats ont été du reste corroborés par la seconde réplication de la dictée de 1873 conduite en 2007 par Danièle Manesse et Danièle Cogis, qui montrait un net recul du niveau en orthographe des élèves des écoles élémentaires et des collèges entre 1987 et 2005, et dont la comparaison révélait une nette dégradation de l'orthographe grammaticale au niveau du primaire, s'atténuant assez peu au fil de la scolarité au collège, tandis que l'orthographe lexicale apparaissait relativement stable[1].

Ainsi les aspects de la maîtrise orthogra-

1. Cf. Danièle Manesse et Danièle Cogis, *Orthographe : à qui la faute ?*, Paris, ESF, 2007.

phique les plus liés à la fonction culturelle globale de l'Ecole, comme c'est le cas de la maîtrise de l'orthographe lexicale, qui est particulièrement liée aux habitudes en matière de lecture, se seraient moins dégradés que les dimensions de l'orthographe qui renvoient davantage aux fonctions plus étroitement didactiques de l'Ecole. Imputer les évolutions enregistrées à une défaillance culturelle de l'Ecole relève ainsi d'un certain contresens. En un sens, ces résultats suggèrent en effet plutôt que la maîtrise formelle du discours pâtit davantage de l'extension que de la restriction des ambitions culturelles de l'Ecole, le développement, dans un temps scolaire contraint, d'enseignements entrant dans le champ des disciplines jadis qualifiées de disciplines « d'éveil » imposant des arbitrages qui s'effectuent sans doute en partie au détriment des « fondamentaux » du « lire-écrire-compter ».

Les impensés du déclinisme scolaire

Quelles que puissent être les nuances apportées par ces études successives au constat formulé par Baudelot et Establet en 1989, la mobilisation des résultats de ces enquêtes à l'appui de la démonstration des dommages collatéraux de la massification scolaire procède d'une interprétation contestable.

Quand bien même on admettrait en effet que la dégradation (relative), en fin de période, de l'orthographe grammaticale des écoliers et collégiens l'emporte sur la stabilité de leur orthographe lexicale, quand bien même encore on considérerait comme secondaire ou même parfaitement illusoire la progression des aptitudes mesurées sur d'autres indicateurs, comme ce fut le cas avec la réplication des épreuves du certificat d'études en 1995, il faudrait, pour se ranger à l'opinion des contempteurs de la baisse du niveau, tenir pour parfaitement négligeable la transformation de la structure des niveaux d'éducation qui élève, mécaniquement, le niveau « moyen » des jeunes générations, par comparaison avec celui des générations précédentes. De ce fait, une part des nuances apportées au verdict de Baudelot et Establet provient de ce que l'expansion scolaire s'est accompagnée d'une modification des conditions de sélection des élèves, non seulement aux niveaux où son ampleur est la plus prononcée – lycée et enseignement supérieur –, mais aussi dans l'enseignement primaire et au collège, du fait notamment de l'évolution de la politique scolaire en matière de redoublement ou de relégation précoce dans des sections d'enseignement spécialisé de type SEGPA (sections d'enseignement professionnel adapté) qui ont pour l'essentiel disparu du paysage scolaire[1].

Ainsi, au milieu des années 2000, les élèves de fin de cycle primaire et les collégiens sont-ils plus jeunes et plus souvent « à l'heure » – ce qui signifie qu'ils ont plus souvent effectué la totalité de leur parcours scolaire sans redoublement – qu'ils ne l'étaient vingt ou trente ans auparavant. Il est bien entendu possible de lire cette évolution comme la manifestation d'un certain laxisme scolaire, mais, outre le fait que l'inefficacité du redoublement est assez

---

1. Entre 1960 et 2000, selon les données fournies par la DEP du ministère de l'Education nationale, la proportion d'élèves « en retard » à l'entrée en CP est passée de 22 à 7 %, et de 52 à 20 % à l'entrée au CM2. Au collège, les taux de redoublement, qui avaient nettement augmenté à la suite de la mise en place du collège unique en 1975, en particulier aux paliers d'orientations des classes de 5e et de 3e, ont fortement diminué après 1985, passant de 16 à 4 % en fin de 5e entre 1985 et 2002, et de 14 à 7 % en fin de 3e. Cf. O. Cosnefroy, T. Rocher, « Le redoublement au cours de la scolarité obligatoire : nouvelles analyses, même constat », *Education et formations*, n° 70, décembre 2004. Les conséquences de ces transformations de la sélectivité du système scolaire avaient du reste déjà été relevées et analysées par Bernard Convert et Michel Pinet à la fin des années 1980. Voir « Les classes terminales et leur public », *Revue française de sociologie*, vol. 30, n° 2, 1989, pp. 211-234.

largement démontrée[1], le référent implicite de cette dénonciation est, une fois encore, celui d'une école fermée au plus grand nombre des enfants, dont le (faible) « niveau » était autrefois masqué par le fait que, ne franchissant pas le seuil de l'enseignement secondaire, ceux-ci n'étaient à aucun moment soumis à quelque évaluation que ce soit, n'étaient les mesures effectuées sur les conscrits et d'ailleurs mobilisées à cette fin par Baudelot et Establet à la fin des années 1980.

De ce fait, la mesure de l'érosion du niveau obtenue en comparant les performances moyennes des générations nouvelles à celles de générations antérieures plus sévèrement sélectionnées masque le fait qu'une part de cette érosion est, comme celle du rendement professionnel et salarial des diplômes, due à ce que la comparaison porte sur des populations qui ne sont en réalité pas à strictement parler comparables.

Différentes du point de vue de leurs caractéristiques strictement scolaires, ces générations le sont aussi par tout un ensemble de

1. Voir notamment Jean-Paul Caille, « Le redoublement à l'école élémentaire et dans l'enseignement secondaire : évolution des redoublements et parcours scolaires des redoublants au cours des années 1990-2000 », *Education et formations*, n° 69, juillet 2004.

caractéristiques sociales liées en particulier à leur origine et à leur environnement. Et cette précision est sans doute particulièrement importante s'agissant de mesurer non seulement les performances scolaires ou le rendement professionnel des diplômes, mais, plus largement, les bénéfices sociaux et culturels d'une élévation des niveaux d'éducation dont on peut penser qu'elle modifie aussi les attitudes observées dans des domaines de la vie sociale aussi étrangers les uns aux autres que les modes de consommation, les habitudes alimentaires, les attitudes en matière de santé, les relations entre les hommes et les femmes, le rapport à la famille, au travail, à la procréation ou à la sexualité, les opinions et les valeurs politiques ou bien encore la diffusion des goûts et des pratiques en matière culturelle.

L'École contemporaine et la culture de masse

Le consensus autour de l'objectif d'allongement de la durée des études s'est principalement construit, dans les années 1980, autour des vertus prêtées à l'augmentation du stock de « capital humain », tant au niveau individuel, par l'amélioration des caractéristiques d'« employabilité » des personnes, que collectif, par l'augmentation de la productivité du travail.

Ces motifs ne revêtaient cependant pas une telle importance dans l'esprit des pères fondateurs de l'Ecole républicaine, pour qui l'émancipation sociale et culturelle des citoyens figurait au premier rang des justifications de la démocratisation de l'accès à l'instruction. Cette foi dans les vertus libératrices de l'Ecole dominait alors très largement les soucis de promotion sociale qui se situent au contraire au cœur de la conception contemporaine des politiques scolaires et, plus encore, de la demande sociale d'éducation[1].

L'évolution des modes de vie et des attitudes des générations de la massification scolaire n'en interroge pas moins, sous un angle différent, le bilan de l'allongement de la durée des études et de la généralisation de

1. Sur ces questions et, plus largement, sur les transformations historiques des fins prêtées à la diffusion de l'enseignement, voir notamment Antoine Prost, *Education, société et politiques. Une histoire de l'enseignement de 1945 à nos jours*, Paris, Le Seuil, 1997.

l'accès à l'enseignement secondaire, et plus particulièrement son bilan culturel.

Quel effet de l'éducation sur les attitudes culturelles ?

Les enquêtes sur les pratiques culturelles montrent de manière constante, en France comme à l'étranger, une corrélation très forte entre les attitudes observées et le niveau d'éducation, qu'il s'agisse de l'intensité des pratiques ou de l'orientation des goûts. D'une manière générale, plus le niveau d'éducation est élevé, plus la fréquence des pratiques culturelles est elle-même élevée et plus la familiarité avec l'univers de la culture « savante » est grande.

Le sens de cette relation demeure toutefois incertain. La plupart des sociologues de l'éducation s'accordent à penser que les habitudes culturelles forgées dans l'enfance et dans l'adolescence, et qui sont donc très étroitement liées aux caractéristiques de l'environnement familial, exercent une influence déterminante sur le niveau des performances scolaires. C'est tout le sens de la sociologie de la « reproduction » évoquée au chapitre précédent, qui conçoit que les attitudes à l'égard de l'Ecole et de la Culture sont liées par un même système de dispositions sous-jacent aux caractéristiques de la socialisation primaire.

Doit-on conclure de ce qui précède que l'Ecole n'exercerait pas d'effet « propre » sur l'orientation des attitudes et des habitudes culturelles de ceux qu'elle instruit ? La période qui suit les années de forte expansion de l'enseignement secondaire des années 1985-1995 apparaît de ce point de vue pour le moins propice à l'examen de la portée de cette affirmation. Si le niveau d'éducation exerce un effet propre sur les attitudes et les pratiques culturelles, et si cet effet l'emporte sur celui associé au capital d'expériences et de dispositions transmises dans l'environnement familial, on doit alors s'attendre à observer, dans les générations issues de la massification, un développement particulièrement important de la demande de biens et services culturels, en particulier de ceux qui sont les plus valorisés par l'institution scolaire. De prime abord, les tendances observées au sein de ces générations, et en particulier chez les plus diplômés, ne vont guère dans ce sens.

Comme l'a montré par exemple Dominique Pasquier dans son enquête sur les cultures lycéennes réalisée au milieu des années 1990, les jeunes scolarisés dans ces années d'expansion scolaire manifestent une distance beaucoup plus grande que leurs aînés aux hiérarchies culturelles portées par l'institution scolaire, elle-même beaucoup plus perméable que par le passé aux tendances véhiculées par l'industrie des médias et du divertissement, dont le public adolescent constitue une cible privilégiée[1]. Les domaines dans lesquels les normes de la légitimité culturelle sont le moins explicitement relayées par l'Ecole apparaissent de ce fait comme les plus sensibles à l'influence de prescriptions concurrentes, comme on l'observe en particulier dans le domaine de la musique, où le goût pour les genres savants, même en en adoptant une définition extensive incluant en particulier le jazz, semble de moins en moins répandu parmi les jeunes générations de diplômés[2].

On a pu montrer par ailleurs, s'agissant de deux univers de pratiques particulièrement emblématiques, pour l'un, la lecture, des normes de la culture scolaire et pour l'autre, la

1. Cf. Dominique Pasquier, *Cultures lycéennes : la tyrannie de la majorité*, Paris, Autrement, 2005.

2. Cf. Philippe Coulangeon, « La stratification sociale des goûts musicaux », *Revue française de sociologie*, 1/2003 (vol. 44), pp. 3-33.

télévision, de l'influence de la culture de masse, que les attitudes des bacheliers et diplômés de l'enseignement supérieur issus des générations de la massification scolaire différaient très sensiblement de celles des générations antérieures : beaucoup plus consommateurs de télévision que leurs homologues scolarisés dans les décennies précédentes, les bacheliers de la décennie 1985-1995 et des années suivantes sont aussi sensiblement moins lecteurs[1].

Inculcation scolaire et socialisation culturelle

Peut-on imputer ces évolutions à un changement des formes scolaires de la transmission culturelle ? La massification scolaire s'est effectivement accompagnée d'un certain nombre d'inflexions qui ont pu partiellement les encourager, à travers notamment le déclin de certaines disciplines, comme les langues

1. Cf. Philippe Coulangeon, « Lecture et télévision. Les transformations du rôle culturel de l'Ecole à l'épreuve de la massification scolaire », *Revue française de sociologie*, 48 (4), 2007, pp. 657-691.

anciennes, la place accrue des disciplines scientifiques et l'apparition de matières nouvelles, comme l'économie ou la technologie, plus éloignées de l'univers des humanités classiques, aussi bien que par la transformation des méthodes d'enseignement inspirées de la pédagogie active et de la valorisation des disciplines d'« éveil ». L'évolution des pratiques pédagogiques en matière de lecture, plus perméable, depuis les années 1970, à l'univers de la littérature enfantine et adolescente et moins exclusivement centrée sur la lecture « littéraire » des « grands auteurs », classiques ou contemporains, en constitue un bon exemple[1].

Il semble pourtant difficile de lier la chronologie de ces changements, pour la plupart antérieurs à la période charnière des années 1985-1995, et l'érosion des effets culturels de l'Ecole, surtout perceptibles chez les bacheliers de cette période. Plus encore, à l'exception de la parenthèse du ministère Savary, entre 1981 et 1984, les années 1970 et 1980 ont plutôt été marquées, au ministère de l'Education nationale, par un certain reflux

1. Cf. Christian Baudelot, Marie Cartier et Christine Detrez, *Et pourtant, ils lisent*, Paris, Le Seuil, 1999.

vers des conceptions pédagogiques plutôt traditionnelles[1].

En la matière, il convient surtout d'avoir à l'esprit que l'Ecole est à la fois un lieu de transmission et un lieu de socialisation culturelle. Autrement dit, que les habitudes et les attitudes qui se forment à l'école primaire, au collège ou au lycée procèdent simultanément de l'inculcation, plus ou moins efficace, d'un rapport scolaire à la culture et de l'imprégnation beaucoup plus diffuse d'une multitude d'influences extérieures, principalement inscrites dans les réseaux de sociabilité informels de l'enfance et de l'adolescence, dont l'importance s'est vraisemblablement renforcée à la faveur du déclin des formes encadrées de socialisation juvénile qui contenaient jadis l'autonomie des cultures juvéniles dans d'étroites limites[2].

C'est ainsi paradoxalement au moment où l'emprise de l'Ecole sur le destin de la jeunesse se généralise que semble s'affaiblir le monopole

1. Cf. Antoine Prost, *op. cit.*

2. Antoine Prost évoque à ce titre l'influence rapidement déclinante, à partir des années 1960, des organisations de jeunesse d'inspiration laïque (auberges de jeunesse, clubs Léo Lagrange) ou religieuse (patronages, Jeunesse ouvrière et Jeunesse étudiante chrétienne – JOC et JEC). Cf. Antoine Prost, *Histoire de l'enseignement et de l'éducation, IV. Depuis 1930 : L'Ecole et la Famille dans une société en mutation*, Paris, Perrin, 2004, p. 40.

de la « violence symbolique légitime » que celle-ci exerçait auparavant, dans des générations où la durée moyenne de scolarisation était pourtant beaucoup plus courte. Cette réduction de l'autorité culturelle de l'Ecole procède toutefois beaucoup moins clairement de causes proprement scolaires que de facteurs strictement sociaux. En ce sens, l'évolution de la structure des origines sociales des lycéens et des étudiants a inévitablement affecté les conditions de socialisation culturelle des générations scolarisées au cœur de l'expansion scolaire des années 1980 et 1990.

Un mimétisme inversé

Si l'on admet que, du fait du mimétisme des comportements forgés entre pairs, les attitudes culturelles observées au sein des populations lycéennes et étudiantes tendent, aujourd'hui comme par le passé, à se conformer à celles des groupes sociaux qui y sont les mieux représentés, le phénomène décrit par Bourdieu et Passeron dans *Les héritiers*, en vertu duquel les « miraculés » de la sélection scolaire, c'est-à-dire la minorité des élèves issus des classes populaires qui, à l'orée des années 1960, parvenait au niveau du baccalauréat et, plus encore, à l'Université, tendaient alors à adopter une sorte de sur-conformité à l'égard des normes culturelles de la bourgeoisie, a peu de chances de perdurer dans un contexte où les enfants de la bourgeoisie ont cessé de fournir le gros des effectifs des établissements d'enseignement secondaire et même, dans une moindre mesure, des établissements d'enseignement supérieur, du moins dans leur composante universitaire. On peut même penser que ce mimétisme culturel fonctionne désormais pour partie en sens opposé, comme le montre la diffusion dans la jeunesse des « beaux quartiers » de certaines des modes vestimentaires ou musicales issues des classes populaires, ou encore de certaines tournures du langage argotique de ces catégories.

C'est bien ainsi le plus souvent tout à la fois au cœur de l'institution scolaire, mais en marge de ses prescriptions culturelles, que se forgent les normes des « contre-cultures adolescentes », en particulier dans des domaines tels que la musique, où les registres savants sont en outre moins explicitement valorisés que dans le domaine littéraire, notamment, du fait de la hiérarchie des disciplines scolaires. Il n'est de ce fait guère surprenant que la culture des lycéens et des étudiants d'aujourd'hui et, plus largement, celle des jeunes adultes diplômés, apparaisse globalement moins imprégnée des normes et des contenus de la culture savante qu'elles ne le sont des tendances issues des industries de la culture, des médias et du divertissement. Et l'on comprend aussi pourquoi ces évolutions affectent les « héritiers » eux-mêmes, comme le montrent les analyses « toutes choses égales par ailleurs », qui suggèrent que la transformation des attitudes culturelles des diplômés « résiste » au contrôle de leur origine sociale[1].

Peut-on déduire de ces transformations de la morphologie sociale de la jeunesse lycéenne et étudiante que la culture de masse constituerait désormais une culture « dominante » ? Que les normes de la légitimité culturelle épouseraient dorénavant celles de la culture populaire[2] ?

---

1. Pour une analyse de ce type sur des données relatives aux Pays-Bas, voir Koen Van Eijck, Jos De Haan et Wim Knulst, « No More Need for Snobbism : Highbrow Cultural Participation in a Taste Democracy », *European Sociological Review*, 21 (5), 2005, pp. 513-528.

2. Certains auteurs n'hésitent pas en tous les cas à franchir le pas. Voir à ce sujet les conclusions fort audacieuses, à défaut d'être empiriquement totalement convaincantes, d'Hervé Glevarec et de Michel Pinet, « La "tablature" des goûts musicaux : un modèle de structuration des préférences et des jugements », *Revue française de sociologie*, 3/2009 (vol. 50), pp. 599-640.

La perméabilité incontestablement plus grande de la culture des classes supérieures et des diplômés aux produits de la culture de masse, de même que la moindre familiarité de ces catégories avec l'univers de la culture savante, n'effacent en réalité pas les frontières entre les différents registres culturels, dont la hiérarchisation n'affecte du reste pas seulement, comme l'a bien montré Bernard Lahire, la différenciation sociale des pratiques, mais traverse les individus eux-mêmes, confrontés à une variété d'influences dont l'étendue ne signifie pas l'équivalence[1]. Les normes de la légitimité culturelle, dont la définition peut varier selon les époques et selon les sociétés, nous y reviendrons, ne dépendent pas strictement, de ce point de vue, des variations du rapport de forces démographique entre les différents groupes sociaux. Même s'ils n'y sont plus numériquement dominants, les « héritiers » conservent ainsi, au sein de l'institution scolaire, les clés d'une légitimité culturelle fondée sur la proximité des attentes de l'Ecole et de leurs héritages familiaux.

De ce fait, la massification scolaire met plus

1. Cf. Bernard Lahire, *La culture des individus. Dissonances culturelles et distinction de soi*, Paris, La Découverte, 2004.

largement à l'épreuve le processus par lequel l'Ecole, en s'appuyant sur cette proximité, contribuait traditionnellement à dissimuler, en les parant de la légitimité du mérite, la dimension sociale des inégalités scolaires, qu'elle rend ainsi désormais d'autant plus visibles que l'« arbitraire culturel » des classes dominantes, pour reprendre le vocabulaire de Bourdieu et Passeron, ne reçoit plus aujourd'hui un soutien aussi efficace que par le passé du groupe des pairs. Et il y aurait sans doute à ce sujet beaucoup à dire des conséquences de ces transformations sur le niveau de conflictualité de la vie scolaire, où la « violence symbolique » de l'institution est inévitablement d'autant plus ressentie comme telle par une fraction croissante des élèves que ceux-ci y accèdent dépourvus des atouts de la connivence culturelle dont bénéficiaient *a contrario* les « héritiers ».

Par-delà les désillusions culturelles de la massification scolaire

Quel bilan culturel peut-on tirer, dans ces conditions, de la massification scolaire ? De la contribution que l'allongement de la durée des études apporte à la démocratisation de l'accès à la culture ?

Le fait qu'au sein des jeunes générations, la relation positive entre le niveau de diplôme et le niveau de familiarité avec la culture « savante » soit moins prononcée que dans les générations précédentes nourrit immanquablement un certain constat d'échec. Pour autant, au-delà même de l'incertitude et de la variabilité des frontières données à ladite culture « savante », qui fragilise inévitablement la comparaison des attitudes observées à des dates et dans des contextes différents, on peut montrer que ce sentiment procède en grande partie d'une forme d'illusion d'optique statistique, comparable à celle qui se manifeste dans l'argumentaire des tenants de la thèse de l'inflation scolaire ou de la baisse du niveau.

Sélection scolaire et excellence culturelle

A l'instar de ce que l'on observe au sujet de la rentabilité des diplômes, les bénéfices culturels de l'allongement de la durée des études ne sont de nouveau pas adéquatement mesurés par la comparaison d'indicateurs portant sur des générations dont les conditions de socialisation et de sélection scolaire ne sont en réalité pas strictement comparables.

Même en laissant de côté tout ce que la fonction de transmission culturelle de l'Ecole doit, à des degrés variables selon les générations, à l'ajustement des héritages familiaux et de la socialisation par les pairs avec les prérequis de la culture scolaire, on peut penser que la variabilité des conditions et du degré de sélection des générations successives de diplômés affecte de ce fait assez directement l'impact du niveau d'études sur les attitudes et les habitudes culturelles. Ainsi, et pour peu que l'on prenne au sérieux l'idée qu'il puisse exister, au-delà du rapport de connivence dont procède cette sorte de « délit d'initiés » culturel dont bénéficient les « héritiers », une relation intrinsèque entre niveau d'excellence scolaire et niveau d'excellence culturelle, les générations de diplômés des années d'expansion scolaire, mécaniquement moins sélectionnés que leurs aînés, sont aussi, en moyenne, et par voie de conséquence, moins conformes au profil culturel des diplômés des générations précédentes : moins lecteurs, moins friands de culture « classique », ancrés dans un rapport moins ascétique à la culture.

Aussi, pour mesurer l'impact culturel de l'expansion scolaire, il conviendrait sans doute davantage, à niveau d'études donné, de comparer les attitudes culturelles des diplômés d'aujourd'hui non, comme on le fait le plus souvent, à celles des diplômés d'hier, mais à celles des individus qui, dotés de caractéristiques équivalentes – en particulier de mêmes origines sociales –, n'avaient pas connu l'opportunité, dans les générations précédentes, d'accéder à ces mêmes niveaux de diplôme. On observerait sans doute alors combien le bénéfice culturel de l'allongement de la durée des études n'est pas négligeable.

Faute de disposer de données permettant de se livrer à ce type de comparaison, on peut se faire une idée du biais introduit, dans la comparaison entre générations, par les variations du niveau de sélectivité scolaire en comparant les attitudes observées au sein de populations de niveau d'études formellement équivalent (bac + 2), mais inscrites dans des cursus très inégalement sélectifs – et très inégalement affectés par la massification scolaire –, comme c'est le cas d'un côté, des élèves des classes préparatoires aux grandes écoles (CPGE) et, de l'autre, des étudiants des premiers cycles universitaires, qui ont massivement absorbé les flux d'étudiants issus de l'expansion scolaire des années 1980 et 1990.

Ainsi de l'écart relevé, dans les filières littéraires comme dans les filières scientifiques, entre ces deux catégories d'étudiants de niveau bac + 2, s'agissant du nombre de livres possédés et de l'usage quotidien de la télévision. En 2006, les données recueillies par l'observatoire de la vie étudiante font ainsi apparaître des écarts très importants, pour chacun de ces deux indicateurs, certes réducteurs et imparfaits, mais assez signifiants, du rapport à la culture de ces différentes populations étudiantes.

Ainsi, alors qu'à cette date aucun élève de CPGE littéraire ne déclarait n'être en possession d'aucun livre, ils étaient tout de même 7 % dans ce cas parmi les élèves de premier cycle universitaire littéraire. De même, les proportions correspondantes se trouvaient-elles, entre les élèves de CPGE et les étudiants des premiers cycles scientifiques, dans un rapport de près de 1 à 3.

Des écarts de même ampleur et de même sens opposaient également ces deux catégories d'étudiants, dans les filières littéraires comme dans les filières scientifiques, s'agissant de l'usage quotidien de la télévision (**tableau 2**).

Tableau 2 : Possession de livres et usages de la télévision chez les élèves de CPGE et les étudiants de premier cycle universitaire en 2006

		Proportion d'élèves et d'étudiants…	
		possédant moins de 10 livres	regardant la télévision tous les jours ou presque
CPGE	Littéraires	0 %	22 %
	Scientifiques et commerciales	7 %	23 %
Premiers cycles universitaires	Lettres, SHS	7 %	50 %
	Sciences	19 %	49 %

Source : Enquête sur les conditions de vie des étudiants, Observatoire de la vie étudiante, 2006.

Les bénéfices intergénérationnels de l'expansion scolaire

Si l'on demeure en France relativement mal outillé, du point de vue des données disponibles, pour dresser à grande échelle un bilan rigoureux de la pluralité des effets sociaux et culturels de l'expansion scolaire, les données collectées et les études réalisées dans d'autres pays plaident par ailleurs plutôt en faveur de la prédominance des effets positifs de cette évolution.

L'étude menée aux Etats-Unis par Paul Attewell et David E. Lavin est à cet égard exemplaire de ce que permet l'observation en longue durée des cohortes affectées par de tels changements[1]. Ces auteurs montrent en effet, en suivant les cohortes affectées par l'expansion universitaire du début des années 1970 aux Etats-Unis sur une période de près de quarante ans, que celles-ci ont vu non seulement leur destin social et professionnel bénéficier directement et significativement de cette expansion, mais aussi que le destin de leurs enfants en a aussi été très sensiblement affecté. Cet effet indirect provient sans doute en partie d'une orientation des styles éducatifs des parents bénéficiaires de cette expansion – et plus particulièrement des mères, dont on sait l'influence prédominante en la matière – dans un sens favorable aux performances scolaires de leurs enfants.

L'absence d'étude systématique de ces effets ne permet pas de transposer *ipso facto* en France les enseignements tirés de l'exemple des Etats-Unis, bien que des études partielles

1. Voir Paul Attewell et David E. Lavin, *Passing the Torch. Does Higher Education for the Disadvantaged Pay Off Across the Generations ?*, New York, Russele Sage Foundation, 2007.

suggèrent des conclusions similaires, comme l'indique la situation quasi expérimentale des bacheliers de 1968 étudiée par Eric Maurin et Sandra McNally, qui montre comment l'abaissement momentané du seuil de sélection du baccalauréat, consécutif aux événements du mois de mai, en offrant l'opportunité à une proportion importante d'étudiants de poursuivre leurs études beaucoup plus longtemps qu'ils n'auraient pu le faire en l'absence de ces circonstances exceptionnelles, a entraîné non seulement des bénéfices directs pour ces étudiants en termes de carrière et de niveau de rémunération, mais aussi des bénéfices indirects, reflétés par les performances scolaires de leurs enfants[1].

Ainsi, de la même façon que la mesure de la rentabilité sociale et professionnelle des diplômes pâtit d'observations excessivement centrées sur les années de « galère » consécutives à la sortie du système scolaire et universitaire, dont les enfants de la massification scolaire font incontestablement davantage les frais que leurs aînés – en raison d'un état

1. Cf. Eric Maurin et Sandra McNally, « Vive la Révolution ! Long Term Educational Returns of 1968 to the Angry Students », *Journal of Labor Economics*, 2008, vol. 26, n° 1.

du marché du travail dont l'origine est du reste largement indépendante de l'évolution du degré d'ouverture du système scolaire – au détriment d'une appréciation des effets à long terme de l'accumulation de capital scolaire, la mesure des effets sociaux et culturels de l'allongement de la durée des études est sans doute elle aussi appauvrie par l'absence de prise en compte de ses effets à long terme et notamment de ses effets intergénérationnels, dans la mesure où le niveau d'études ne modifie pas seulement le stock de capital culturel dont disposent les individus, mais aussi le niveau de celui qu'ils peuvent investir dans l'éducation de leurs enfants.

Parmi les effets à long terme de l'expansion scolaire, on doit aussi avoir à l'esprit la transformation des représentations de l'avenir et des aspirations qu'autorise la poursuite d'études longues au sein des classes populaires. En dépit d'inégalités persistantes dans la connaissance que les élèves et leurs familles ont du système scolaire, de son fonctionnement, de la pertinence des choix d'orientations et de filières, inégalités dont l'impact dans la genèse des disparités sociales de destins scolaires continue d'être important, la massification, parce qu'elle transforme en destins probables des trajectoires jadis exceptionnelles, produit une certaine uniformisation des aspirations. Comme l'a très bien montré Tristan Poullaouec, les familles ouvrières d'aujourd'hui situent ainsi beaucoup plus que par le passé l'école au centre des aspirations qu'elles formulent à l'égard du devenir de leurs enfants, et cette réduction de la distance symbolique entre les classes populaires et l'institution scolaire ne constitue pas le moindre des effets culturels de l'expansion scolaire des années 1980 et 1990[1]. Il devient dans ces conditions très peu convaincant de rapporter prioritairement les inégalités sociales de destin scolaire aux biais de représentations et d'anticipations des familles, comme y invitait jadis le modèle d'analyse de l'inégalité des chances scolaires proposé par Raymond Boudon[2].

---

1. Sur cette question et, plus largement, sur les bénéfices de l'expansion scolaire au sein des classes populaires, voir Tristan Poullaouec, *Le diplôme, arme des faibles. Les familles ouvrières et l'école*, Paris, La Dispute, 2010.

2. Cf. Raymond Boudon, *L'inégalité des chances*, Paris, Armand Colin, 1973, et la critique de cette thèse par Poullaouec, dans l'ouvrage cité à la note précédente.

Les vertus émancipatrices de l'Ecole en question

Malgré les nuances importantes qu'apporte la prise en compte des biais qui interviennent dans la mesure du bilan de l'expansion scolaire lorsque celle-ci se focalise sur les effets à court terme de l'allongement de la durée des études et sur une comparaison imparfaitement maîtrisée de la situation des générations successives de diplômés, on ne peut pourtant pas se satisfaire d'une lecture aussi unilatéralement optimiste des effets sociaux et culturels de la massification scolaire.

Cette lecture paraît tout d'abord affectée d'un certain ethnocentrisme de classe, qui tend à mettre en avant des bénéfices qui ne sont pas nécessairement vécus comme tels par la totalité de ceux qu'ils concernent. Ainsi des vertus intrinsèquement émancipatrices prêtées à l'éducation, alors même que l'investissement scolaire continue à être prioritairement valorisé, au sein des classes populaires, par les perspectives d'emploi auxquelles il donne accès, bien davantage qu'au nom de ses effets culturels, le goût des études pour les études demeurant une attitude peu répandue dans ces catégories, où il est généralement perçu comme une attitude « bourgeoise », comme le relevaient Christian Baudelot et Roger Establet dans leur comparaison du destin social des générations de trentenaires de 1968 et de 1998[1].

Bien entendu, le fait que les dimensions non directement utilitaires des diplômes soient peu valorisées par les individus – et n'est-il pas somme toute assez logique qu'il en aille ainsi, dès lors que le temps passé sur les bancs de l'Ecole s'assimile, comme le temps passé au travail, à une renonciation (à consommer, à se reposer, à de divertir) ? – ne préjuge pas de leur impact. Pour le dire autrement, ce n'est pas parce que les individus accordent une importance limitée aux vertus émancipatrices de l'éducation, qu'il s'agisse d'accès à la culture et aux loisirs, de participation citoyenne, d'amélioration de la qualité de vie et de la santé, notamment, que celles-ci sont sans conséquences objectives sur l'évolution de leurs conditions de vie.

Quels que puissent être ses bénéfices objectifs, l'allongement de la durée des études

1. Cf. Christian Baudelot et Roger Establet, *op. cit.*

n'en occasionne pas moins, par ailleurs, au sein des générations qui en ont bénéficié des coûts subjectifs qui affectent prioritairement les élèves et les étudiants issus des classes populaires, à mesure que ceux-ci voient s'affaiblir les attaches sociales et culturelles qui les reliaient à l'univers symbolique et matériel de leur milieu d'origine, sans intégrer pour autant pleinement celui des catégories auxquelles il leur permettrait d'aspirer.

Aussi, comme le soulignaient de nouveau Baudelot et Establet au début des années 2000, « l'école se révèle assez forte pour déculturer, mais trop faible pour acculturer durablement tous ceux qu'elle accueille en les intégrant à un univers culturel et professionnel qui assure le passage d'une classe sociale à l'autre[1] ». La massification scolaire participe ainsi d'une crise du modèle d'intégration et de reproduction des classes populaires qui entraîne un renforcement des tensions entre générations, comme l'ont en particulier montré Stéphane Beaud et Michel Pialoux dans leur analyse de la condition ouvrière contemporaine[2].

1. *Ibid.*, p. 111.

2. Cf. Stéphane Beaud et Michel Pialoux, *Retour sur la condition ouvrière*, Paris, Fayard, 1999.

Elle concourt aussi plus largement à un relâchement des solidarités de classe par l'encouragement à l'adhésion à un modèle individualiste de promotion sociale fondé sur les promesses de l'égalité des chances et de la mobilité.

Par ailleurs, si la massification scolaire contribue indéniablement à une certaine uniformisation des styles de vie et des cultures juvéniles, qui procède à la fois de la diffusion de la culture scolaire au sein des classes populaires et de l'irruption de la culture de masse au sein de l'environnement scolaire, elle produit dans le même temps des effets très contrastés sur le plan des conditions de vie et d'insertion sociale des jeunes d'origine bourgeoise et populaire. Si, pour les premiers, l'allongement de la jeunesse consubstantiel à celui de la durée des études peut être prioritairement vécu sur le mode de l'expérimentation et de l'innovation, tant sur le plan de la vie professionnelle que sur le plan de la vie personnelle et affective, selon le modèle décrit par Olivier Galland au début des années 1990[1], Baudelot et Establet rappellent

1. Cf. Olivier Galland, « Un nouvel âge de la vie », *Revue française de sociologie*, 1990, n° 31, pp. 529-551

à ce sujet qu'il est beaucoup plus souvent synonyme, pour les seconds, de précarité sociale et familiale[1].

Aussi assiste-t-on sans doute à la disparition des formes de compensation qui pouvaient exister par le passé entre des modes différenciés de transition à l'âge adulte, en vertu desquels les enfants des classes populaires, exclus de la prolongation de l'adolescence caractéristique des modes de vie estudiantins de la jeunesse privilégiée, bénéficiaient en contrepartie d'un accès plus rapide à l'autonomie sociale du fait d'une entrée plus précoce dans la vie active[2].

Il est aussi permis de penser que le décalage entre les bénéfices objectifs et les coûts subjectifs de la massification scolaire – qui englobent la somme des humiliations symboliques rencontrées par les élèves (ou les étudiants) les plus éloignés des normes sociales et culturelles du monde scolaire – constitue le principal ressort d'un ressentiment à l'égard de l'Ecole propre à alimenter le succès d'un certain populisme « anti-intellectuel ». Pour

---

1. Cf. Christian Baudelot et Roger Establet, *op. cit.*

2. C'est une logique de cet ordre que décrit notamment Antoine Prost dans *Education, société et politiques. Une histoire de l'enseignement de 1945 à nos jours*, Paris, Le Seuil, 1997.

le dire autrement, l'autorité symbolique des mondes académiques et culturels était sans doute d'autant plus grande – et incontestée – qu'elle demeurait éloignée du plus grand nombre. La massification de l'enseignement (et de la culture) réduit de ce point de vue l'aura de l'institution scolaire, tout en multipliant les ressentiments nourris à son égard.

Est-on pour autant assuré que la configuration ancienne des rapports de classe que viennent ainsi déstabiliser les politiques d'expansion scolaire était intrinsèquement préférable à celle qui lui succède ? Le rappel de l'absence de neutralité sociale des politiques d'expansion scolaire ne saurait en la matière disqualifier à lui seul les objectifs de démocratisation de l'enseignement qui les sous-tendent. Le même type d'interrogation est au demeurant soulevé, dans un registre voisin, s'agissant du bilan des politiques menées au nom de la démocratisation de l'accès à la culture.

Chapitre 3

DE QUEL ÉCHEC CELUI DE LA DÉMOCRATISATION DE LA CULTURE DONNE-T-IL LA MESURE ?

Alors que les moyens mis en œuvre au service des politiques publiques de la culture ont constamment et principalement été rapportés, depuis la création du ministère des Affaires culturelles en 1959, et conformément à la doctrine forgée par André Malraux, à l'ambition d'en démocratiser l'accès, la relative inertie des inégalités sociales observées en la matière, et que soulignent les indicateurs présentés dans le premier chapitre de cet ouvrage, suscite un scepticisme grandissant quant à l'efficacité même du dispositif mis en place il y a un peu plus de cinquante ans. La publication des résultats de l'édition de 2008 de l'enquête sur les pratiques culturelles a donné lieu, de ce point de vue, plus encore sans doute que ses précédentes éditions, à une couverture médiatique très largement dominée par le thème de l'échec de la démocratisation de la culture[1].

Dans le contexte d'un renforcement général du souci d'évaluation des politiques publiques, l'écho donné à ces résultats et à ces commentaires alimente inévitablement la tentation du repli, à un moment où beaucoup, et jusqu'à un ancien locataire de la rue de Valois, s'interrogent sur la nécessité même du ministère de la Culture[2] : à quoi bon persévérer dans des politiques à ce point inefficaces ?

---

1. La « une », l'éditorial (« L'échec culturel ») et la double page consacrés au sujet par le *Monde* du 15 octobre 2009 illustrent de manière édifiante la tonalité des commentaires produits à l'occasion de la parution de l'ouvrage d'Olivier Donnat, *Les pratiques culturelles des Français à l'ère numérique, Enquête 2008*, *op. cit.*, 2009.

2. Voir « La question de la suppression du ministère de la Culture peut se poser », *Le Monde*, 30 décembre 2008, entretien avec Jean-Jacques Aillagon.

La démocratisation de la culture exposée aux critiques

Le bilan des politiques menées au nom de la démocratisation de la culture fait l'objet de deux catégories de critiques. Critiques des moyens mis en œuvre, d'une part, qui soulignent que l'Etat et les collectivités locales, dont les responsabilités dans le domaine sont, depuis les lois de décentralisation du début des années 1980, particulièrement importantes, ne sont pas correctement outillés pour la réalisation des objectifs qu'ils assignent à leurs interventions. Critiques des objectifs eux-mêmes, d'autre part, qui insistent davantage sur l'inadéquation voire l'illégitimité d'un projet politique vicié par l'ambition d'imposer la diffusion au plus grand nombre de l'arbitraire culturel des catégories dominantes.

Les politiques de l'offre au péril de la redistribution culturelle

Il n'est pas nécessaire de se livrer à un examen détaillé de la structure des dépenses publiques affectées au domaine de la culture pour relever la priorité donnée, dans ce registre de l'action publique, aux politiques de l'offre, c'est-à-dire au soutien financier apporté, par voie de subvention, à la production de biens et de services culturels. Il ne manque évidemment pas d'arguments pour justifier l'appui apporté à un secteur qu'on ne saurait abandonner aux lois du marché sans vouer du même coup à la disparition les biens les moins immédiatement conformes aux caractéristiques dominantes de la demande et sans menacer l'équilibre financier d'activités structurellement déficitaires, comme c'est le cas de bien des domaines du spectacle vivant, notamment[1].

Il ne manque pas non plus, en sens inverse, de contempteurs de la priorité donnée à cette forme de mécénat public dont l'effet redistributeur apparaît des plus incertains. N'y a-t-il pas lieu de craindre qu'en

1. On reconnaît la théorie dite de « la maladie des coûts » des économistes William Baumol et William Bowen, selon qui la coexistence de secteurs d'activité à productivité croissante et de secteurs à productivité stagnante – dont le secteur du spectacle vivant – conduit nécessairement, par alignement des coûts de main d'œuvre des seconds sur ceux des premiers, notamment, à un déficit structurellement croissant de financement des secteurs « archaïques ». Cf. William J. Baumol et William G. Bowen, *Performing Arts – The Economic Dilemma*, Cambridge MA, The MIT Press, 1966.

abaissant prioritairement le coût des biens les moins accessibles, l'économie de la subvention profite d'abord au public le plus averti, sans en élargir le moins du monde la demande ?

Aussi légitime soit-elle, la critique des effets au mieux limités de l'économie de la subvention s'agissant de l'élargissement de l'accès à la culture est pourtant affaiblie par la difficulté que l'on éprouve à définir une politique culturelle alternative, politique de la demande dont l'importance des arguments non monétaires constitue la principale difficulté. Comment encourager une demande qu'il ne s'agit pas seulement ni même principalement de solvabiliser, comme il en va, *a contrario*, dans les politiques ordinaires de soutien à la consommation ?

Chacun perçoit en effet plus ou moins confusément que les « choix » (et les goûts) culturels, comme ce peut être aussi du reste le cas des « manières » de se loger, de se distraire, de se vêtir, de se déplacer ou de se nourrir (et non seulement du volume de dépenses accordé à tel ou tel poste), s'inscrivent dans des réseaux complexes d'influences et de déterminations, qui mêlent des éléments de nature différente : contrainte de temps, de revenu ou de prix, certes, mais aussi poids des habitudes ancrées dans l'enfance et dans l'adolescence, effets d'imitation (ou de singularisation) à l'égard de l'environnement socioprofessionnel (ou scolaire), du réseau amical ou du voisinage, souci du confort mais aussi du paraître, etc.

Cette critique adressée à l'orientation des politiques de la culture repose du reste sur l'adhésion implicite à un projet lui-même discutable : quelle légitimité accorder à une politique qui se donne non pas seulement pour objectif de distribuer les moyens de réaliser plus équitablement l'accès à certains biens mais qui entend en réalité en susciter la demande elle-même ?

De la démocratisation de la culture à la démocratie culturelle

La définition des objectifs assignés à l'action des pouvoirs publics dans le domaine de la culture est traversée par l'opposition entre les politiques dites de « démocratisation de la culture » et les politiques de « démocratie culturelle ». Cette distinction renvoie à deux registres d'action fondés sur des doctrines politiques divergentes[1].

La philosophie de la démocratisation de la culture, qui est centrale en France, se fonde sur une conception universaliste de la culture « légitime » : la tâche prioritaire de la politique culturelle est de réduire les inégalités d'accès à la « haute culture », à la culture « savante ». D'inspiration jacobine, cette conception se donne pour objectif de lever les obstacles à la fréquentation des œuvres du patrimoine et de la création contemporaine, notamment à travers la mise en œuvre d'un programme d'aménagement culturel du territoire, incarné à l'origine par les Maisons de la Culture et la politique de décentralisation théâtrale mise en place dans les années 1960, bientôt relayée dans d'autres domaines par des dispositifs de même inspiration (plan Landowski sur la réorganisation de l'enseignement musical et des orchestres de région, par exemple).

---

1. Sur cette question, voir notamment Lise Santerre, « De la démocratisation de la culture à la démocratie culturelle », *in* Guy Bellavance (dir.), *Démocratisation de la culture ou démocratie culturelle ? Deux logiques d'action publique*, Sainte-Foy, Presses de l'Université de Laval, 2000, ainsi que Philippe Poirrier, *L'Etat et la culture en France au XXe siècle*, Paris, LGF, 2000.

Centrée sur la réduction des écarts sociaux et géographiques des chances d'accès à la culture, cette conception repose sur un postulat de désirabilité universelle des biens culturels, dont l'appropriation est prioritairement pensée en termes de barrières à lever et d'obstacles à surmonter. Ce postulat a été fortement critiqué à la fin des années 1960, dans le sillage du mouvement de mai 1968 qui n'a pas épargné les institutions emblématiques de la politique culturelle de l'époque[1].

En mettant l'accent sur la dimension d'« arbitraire culturel » des politiques de démocratisation, les critiques adressées à cette conception de la politique culturelle, fortement inspirées par la lecture de Bourdieu et Passeron, suggéraient de faire porter l'effort sur la dimension proprement culturelle des écarts d'accès à la culture et de s'attaquer à l'autorité des hiérarchies culturelles établies. L'idée de démocratie culturelle fonde alors une stratégie politique alternative qui s'inspire notamment des expériences menées à l'étranger, en particulier dans le monde anglo-saxon.

1. On se souvient notamment qu'en juillet de la même année, Jean Vilar, pilier de la décentralisation théâtrale, fut chahuté à Avignon par de jeunes festivaliers qui firent rimer son nom avec celui du dictateur portugais Salazar…

A l'« action culturelle » de la politique de démocratisation, centrée sur la réduction des inégalités, elle oppose le « développement culturel », soucieux des identités locales ou régionales, des cultures minoritaires et des traditions populaires. S'appuyant sur un certain relativisme culturel, elle pense les écarts observés dans la fréquentation des équipements culturels ou dans la fréquence des pratiques en termes de différences davantage qu'en termes d'inégalités.

C'est cette conception qui sous-tend notamment une grande partie des politiques d'animation socioculturelle menées en direction des enfants et des adolescents des classes populaires, et qui s'est progressivement imposée, depuis le début des années 1980, jusque dans celle de la politique culturelle de l'Etat, conçue comme devant « permettre à tous les Français de cultiver leur capacité d'inventer et de créer, d'exprimer librement leurs talents et de recevoir la formation artistique de leur choix ; de préserver le patrimoine culturel national, régional, ou des divers groupes sociaux pour le bénéfice de la collectivité tout entière » (décret du 10 mai 1982 relatif à l'organisation du ministère de la Culture).

Quelle définition politique de la justice « culturelle » ?

Ces conflits de doctrine soulignent la difficulté à accorder les critères de justice à ceux de l'intervention publique dans le domaine culturel, pour autant que tout écart, toute différence dans l'accès à la culture, la distribution des goûts ou la fréquence des pratiques n'est pas nécessairement constitutive d'une inégalité. On perçoit pourtant les limites d'une critique de l'arbitraire universaliste des politiques de démocratisation qui, sous couvert de relativisme culturel – donner à chacun les moyens d'accéder à ce à quoi il aspire –, s'accommode de fait de l'aporie des conceptions capacitaires de la justice, dès lors que tous les registres de goûts et de pratiques ne sont en réalité pas socialement équivalents[1].

Autrement dit, si l'on conçoit que les politiques publiques de la culture ne puissent se fixer pour horizon principal la formation de bataillons de lecteurs de Stendhal ou d'amateurs d'opéra baroque, on conçoit aussi qu'elles

1. Pour une critique particulièrement éclairante des notions de justice et de démocratie capacitaires, voir notamment Patrick Savidan, *Repenser l'égalité des chances*, Paris, Grasset, 2007.

ne puissent se contenter de rabattre les différences sociales observées sur l'expression d'aspirations diversifiées et également légitimes. On peut ainsi penser que les écarts qui portent sur des pratiques perçues comme particulièrement désirables et légitimes participent à tout le moins de l'inégalité des conditions, potentiellement redevables de ce fait d'actions redistributives. En ce sens, il ne vient pas spontanément à l'idée de considérer que fréquenter l'opéra davantage que le théâtre, écouter Brahms plutôt que Mozart, lire Balzac plutôt que Proust ou préférer Rembrandt à Van Gogh entre dans la composition d'une échelle du goût ou de la légitimité des pratiques. Lire plutôt que regarder la télévision, préférer Monet à Poulbot ou Flaubert à Barbara Cartland évoquent en revanche beaucoup plus directement cette composante hiérarchique.

Que celle-ci soit ou non le produit de l'imposition d'un « arbitraire culturel », la légitimité perçue et la désirabilité des pratiques proviennent de l'efficacité qui leur est, à tort ou à raison, prêtée dans d'autres secteurs de la vie sociale, soit que celles-ci soient réputées porteuses de ressources cognitives qui contribuent à les encourager, en particulier chez les plus jeunes, dans l'optique, notamment, de leur conversion scolaire, soit qu'elles soient plus directement associées à des profits de distinction ou d'accès à certains statuts ou certains groupes sociaux valorisés.

Bien entendu, la perception de ces hiérarchies est éminemment complexe et variable selon les milieux, les époques et les sociétés. On perçoit de ce fait qu'il n'est pas aussi aisé de définir des critères opérationnels de désirabilité légitime des biens en matière d'accès à la culture qu'en matière de santé publique, ou même d'éducation, bien que la tâche ne soit pas aussi aisée qu'il y paraît dans ces matières non plus. Les efforts de démocratisation de l'accès à la culture répondent ainsi à une demande sociale latente d'autant plus malaisée à satisfaire que celle-ci met en jeu l'inégale distribution des ressources aussi bien que celle des aspirations. Le principal obstacle auquel se heurte le volontarisme démocratisateur des politiques publiques de la culture tient de ce point de vue à la force des héritages sociaux et familiaux au croisement desquels se forgent les dispositions et les habitudes culturelles, en face de laquelle le subventionnement de l'offre, l'aménagement culturel du territoire ou les politiques tarifaires ne peuvent avoir qu'un impact très limité.

Les enquêtes consacrées aux pratiques culturelles montrent de manière constante combien la différenciation des habitudes et des attitudes demeure non seulement dépendante des différences de conditions de vie, d'environnement socioculturel mais aussi de caractéristiques liées notamment à l'éducation reçue et à l'influence persistante de l'environnement familial.

De ce point de vue, les attitudes culturelles ne sont pas seulement liées à la position – comme ce serait sans doute le cas si elles ne relevaient que de comportements stratégiques –, mais aussi à l'origine sociale des individus, qui renvoie à son tour au volume et à la nature des capitaux hérités, comme le soulignait Bourdieu dans *La distinction*, en sorte que les goûts et habitudes culturelles d'un « fils de » professeur ou d'une « fille de » médecin, par exemple, ont des chances, à position sociale équivalente, de s'écarter sensiblement de ceux des enfants d'ouvriers et d'agriculteurs, l'effet de la socialisation secondaire, scolaire ou professionnelle, n'annulant sans doute nulle part aussi imparfaitement celui de la socialisation primaire que dans le domaine des attitudes culturelles.

Dispositions culturelles et positions sociales

Il n'est pas de manifestation empirique plus éclatante de l'influence rémanente de l'origine sociale sur les attitudes et les habitudes culturelles que les écarts observés en la matière chez des personnes dotées de propriétés équivalentes du point de vue de leur capital scolaire et de leur position sociale mais d'origine sociale distincte.

Soit, pour reprendre un indicateur déjà pris en compte dans le chapitre 1, les statistiques de fréquentation des musées, des monuments historiques, des théâtres, des concerts de musique classique ou des spectacles chorégraphiques, considérées, en 2008, selon l'origine et la position sociales. La proportion, pour chacun des couples d'origine et de position considérés, d'individus n'ayant fréquenté aucun de ces équipements culturels au cours de l'année précédant l'enquête, ou, à l'inverse, en ayant fréquenté au moins trois, présente sous ce rapport une structure « diagonale » très nette : la proportion, parmi les personnes d'origine et de position supérieures, de répondants n'ayant fréquenté aucun équipement est plus faible que celle des personnes d'origine et de position moyennes, elle-même moins élevée que celle des personnes d'origine et d'appartenance populaires, et l'indicateur de fréquentation d'au moins trois de ces mêmes équipements présente une hiérarchie symétriquement inverse (**tableaux 3 et 4**).

Tableau 3 : Taux de non-fréquentation des musées, monuments historiques, théâtres, concerts classiques et spectacles chorégraphiques selon l'origine et la position sociales en 2008 (en %)

		Position sociale		
		supérieure	moyenne	populaire
Origine sociale	supérieure	13	21	46
	moyenne	23	30	55
	populaire	27	46	67

Source : Ministère de la Culture et de la Communication, Enquêtes sur les pratiques culturelles des Français 2008.
Champ : Actifs et ex-actifs de 15 ans et plus dont la dernière profession et celle d'un de leurs parents sont renseignées dans l'enquête.
Lecture : En 2008, 13 % des répondants d'origine et de position supérieures déclaraient n'avoir fréquenté aucun équipement culturel au cours de l'année précédant l'enquête.
Note : Les catégories supérieures, moyennes et populaires ont été construites, pour l'origine comme pour la position, par agrégation, pour les catégories supérieures, des chefs d'entreprises de 10 salariés et plus, des membres de professions libérales et des cadres supérieurs ; des professions intermédiaires, techniciens et instituteurs, pour les catégories moyennes ; des employés, ouvriers, agriculteurs, petits commerçants et artisans, pour les catégories populaires.

Tableau 4 : Taux de fréquentation de trois équipements culturels au moins parmi musées, monuments historiques, théâtres, concerts classiques et spectacles chorégraphiques selon l'origine et la position sociales en 2008 (en %)

		Position sociale		
		supérieure	moyenne	populaire
Origine sociale	supérieure	45	34	15
	moyenne	45	24	9
	populaire	31	16	4

Source : Ministère de la Culture et de la Communication, Enquêtes sur les pratiques culturelles des Français 2008.
Champ : Actifs et ex-actifs de 15 ans et plus dont la dernière profession et celle d'un de leurs parents sont renseignées dans l'enquête.

C'est toutefois bien davantage la situation des catégories non homogènes du point de vue des couples d'origine et de position sociales qui retient ici l'attention. L'origine supérieure distingue ainsi les pratiques des répondants de position moyenne ou populaire de leurs homologues d'autres origines. Alors que les répondants de catégorie populaire et d'origine moyenne ou populaire figurent majoritairement parmi ceux qui n'ont fréquenté aucun des équipements culturels cités (respectivement 55 et 67 %), seule une minorité des répondants de même position mais d'origine supérieure est dans ce cas (46 %). En sens inverse, l'origine moyenne ou populaire est associée, chez les répondants de position supérieure, à des taux plus élevés pour ce même indicateur que ceux des répondants d'origine et de position supérieures (respectivement 23 et 27 % d'un côté, contre 13 %, de l'autre).

La fréquentation intensive de ces mêmes équipements (plus de trois au cours de l'année) fait apparaître des résultats parfaitement symétriques, et l'on observerait le même type de combinaisons en prenant pour référence non plus l'origine supérieure, mais l'origine moyenne ou populaire.

Tout indique ainsi que les « forces de rappel » de l'origine entrent systématiquement en composition avec celles de la position occupée, confirmant ainsi la force et la persistance de l'influence exercée par les habitudes et les attitudes adoptées au cours de l'enfance.

Le même type de distribution, dont l'exploration détaillée dépasserait de beaucoup le cadre de cet ouvrage, s'observe plus généralement sur la quasi-totalité des indicateurs de pratiques culturelles, ainsi que dans l'ordre des préférences exprimées en matière de genres, d'œuvres, d'artistes, etc. Pour revenir à des indicateurs déjà évoqués, on se contentera de relever par exemple que la distribution de la proportion de gros lecteurs (au moins vingt livres par an) et de gros consommateurs de télévision (au moins trente heures de télévision par semaine), hiérarchise identiquement les couples d'origine et de position sociales.

Les individus d'origine supérieure et de position moyenne ou supérieure sont ainsi plus souvent gros lecteurs que l'ensemble des personnes de même position mais d'origine inférieure (**tableau 5**). L'origine discrimine toutefois beaucoup moins les attitudes à l'égard de la télévision : quelle que soit leur origine, les membres des catégories moyennes, populaires et, surtout, supérieures, présentent des proportions assez homogènes de téléspectateurs addictifs (**tableau 6**).

Tableau 5 : Proportion de gros lecteurs (au moins 20 livres par an) selon l'origine et la position sociales (en %)

		Position sociale		
		supérieure	moyenne	populaire
Origine sociale	supérieure	39	34	22
	moyenne	31	20	17
	populaire	27	18	11

Source : Ministère de la Culture et de la Communication, Enquêtes sur les pratiques culturelles des Français 2008.
Champ : Actifs et ex-actifs de 15 ans et plus dont la dernière profession et celle d'un de leurs parents sont renseignées dans l'enquête.

Tableau 6 : Proportion de gros consommateurs de télévision (au moins 30 heures par semaine) selon l'origine et la position sociales (en %)

		Position sociale		
		supérieure	moyenne	populaire
Origine sociale	supérieure	6	8	21
	moyenne	6	11	22
	populaire	7	13	28

Source : Ministère de la Culture et de la Communication, Enquêtes sur les pratiques culturelles des Français 2008.
Champ : Actifs et ex-actifs de 15 ans et plus dont la dernière profession et celle d'un de leurs parents sont renseignées dans l'enquête.

On pourrait montrer plus largement que la balance des effets d'origine et de position distingue les pratiques les plus légitimes, pour lesquelles les effets d'origine entrent plus fortement en composition avec ceux de la position, des pratiques les moins légitimes, qui sont plus uniformément liées aux positions occupées, ce qui suggère que la force relative des héritages culturels varie en raison inverse de la diffusion des pratiques, plus prononcée pour les pratiques les plus réservées et plus modeste pour celles de masse. L'intérêt de ce type d'indicateur est bien toutefois de montrer la pluralité des canaux de formation et de transmission des habitudes et des attitudes culturelles, qui ne sont jamais purement héritées ou acquises, comme le souligne très justement le modèle de socialisation plurielle défendu par Bernard Lahire[1].

Socialisation plurielle et volatilité du système social des goûts

Si les goûts et les pratiques d'un fils de professeur ou d'une fille de médecin ont bien, *ceteris paribus*, de fortes chances de s'écarter sensiblement de ceux des enfants d'ouvriers ou d'agriculteurs, les processus de socialisation culturelle possèdent un caractère séquentiel, tributaire de la pluralité des univers successifs que traversent les individus, et qui limite considérablement la portée mécanique des héritages culturels. Les goûts et les usages se forment ainsi dans la durée, au contact non seulement de l'environnement familial, mais aussi dans les diverses arènes de socialisation scolaire, amicale, amoureuse, professionnelle, etc. qui jalonnent des parcours de

---

1. Voir notamment Bernard Lahire, *L'homme pluriel : les ressorts de l'action*, Paris, Nathan, 1998, ainsi que *La culture des individus. Dissonances culturelles et distinction de soi*, Paris, La Découverte, 2004.

vie qui, quelle que puisse être la force des phénomènes d'homogamie ou d'homophilie, sont toujours soumis à des influences hétérogènes. D'où l'importance parfois sous-estimée des différences de genre ou de génération, notamment, ainsi que des clivages tout à fait significatifs qu'introduit la diversité des environnements géographiques et des types d'habitat, en particulier en France, où l'opposition Paris/province continue de marquer fortement la différenciation des comportements. Certaines transformations de la société française intervenues au cours des trente dernières années – allongement de la durée des études, émancipation sociale et professionnelle des femmes, urbanisation – ont du reste très probablement renforcé la pluralité et la disparité des arènes de socialisation culturelle, comme le suggère notamment cette forme de mimétisme inversé évoquée au chapitre précédent au sujet des contre-cultures adolescentes qui s'épanouissent dans le contexte de la massification scolaire.

L'ensemble des influences socialisatrices auxquelles sont soumises les personnes ne sont cependant pas nécessairement équivalentes, et leur importance relative ne s'accorde pas mécaniquement à leur agencement séquentiel, les plus anciennes pouvant parfois être les plus fortes, car les plus solidement ancrées, comme on le voit, dans un domaine voisin, dans l'ordre des pratiques et des attitudes linguistiques, où les tics de langage, accents, tournures spécifiques peuvent survivre très longtemps et très largement à l'éloignement des contextes originels de leur formation et à l'influence de normes langagières concurrentes. C'est là tout le sens de la sociologie de l'*habitus*, cet ensemble de dispositions socialement construites et transmises qui marquent durablement de leur empreinte l'ensemble des comportements, culturels, alimentaires, politiques, moraux, etc., qui demeure pleinement pertinente[1].

Il n'en demeure pas moins que cette pluralité d'influences entraîne une volatilité du système social des goûts qui se manifeste à

1. Le concept d'*habitus* apparaît pour la première fois chez Pierre Bourdieu dans la postface donnée à l'édition française de l'ouvrage d'Erwin Panofsky *Architecture gothique et pensée scolastique*, parue aux Editions de Minuit en 1967, où il désigne « un ensemble de schèmes fondamentaux, préalablement assimilés, à partir desquels s'engendrent, selon un art de l'invention analogue à celui de l'écriture musicale, une infinité de schémas particuliers, directement appliqués à des situations particulières » (pp. 151-152). Il sera par la suite particulièrement développé dans *La distinction*, *op. cit.*, et *Le sens pratique* (Paris, Editions de Minuit, 1980).

travers le déclin des profits de distinction attachés à certains biens, certaines pratiques ou certains répertoires à mesure de leur diffusion et de leur banalisation, et l'émergence concomitante de nouvelles catégories de profits de distinction attachés à d'autres biens, pratiques et répertoires. Ainsi, alors même que les critères de l'action publique en matière culturelle demeurent fortement tributaires de la séparation des registres savant et populaire, de la haute culture et de la culture de masse, ces évolutions participent d'une redéfinition des échelles de la légitimité culturelle qui semblent minimiser la pertinence sociale de ces catégories.

Chapitre 4

LES NOUVEAUX TERRITOIRES DE LA DOMINATION SYMBOLIQUE

En dépit de la persistance de fortes inégalités sociales d'accès à la culture, la diffusion des produits de la culture de masse, associée à l'ambivalence des effets de l'expansion scolaire et au déclin relatif de certaines des pratiques les plus légitimes, interroge la pérennité des profits de distinction associés à la fréquentation de l'univers de la haute culture.

Ces interrogations ne sont certes pas totalement nouvelles. Dès les années 1960, un certain nombre d'observateurs ont ainsi souligné la perméabilité croissante des loisirs et de la culture des classes dominantes aux produits de l'industrie de la culture de masse et des médias[1],

1. Voir par exemple Harold L. Wilensky, « Mass Society and Mass Culture : Interdependence or Independence ? », *American Sociological Review*, 29 (2), 1964, pp. 173-197.

en faisant aussi le constat d'une plus grande porosité de la frontière entre culture savante et culture populaire[1].

Ces observations, qui portaient principalement sur la société nord-américaine, ont connu un certain écho en France, où l'on a souvent relevé qu'en dépit d'une propension plus élevée que la moyenne des autres groupes sociaux à la fréquentation des arts savants, les classes supérieures n'ont en réalité jamais cessé de se détourner, dans leur majorité, des pratiques les plus élitistes. Si, par exemple, le public de l'opéra est bien majoritairement un public « bourgeois », seule une minorité de bourgeois fréquente effectivement l'opéra[2].

1. Voir Herbert J. Gans, *Popular culture and high culture : An Analysis and Evaluation of Taste*, New York, Basic Books, 1999.

2. C'est en particulier le sens du propos défendu par Emmanuel Ethis et Emmanuel Pedler dans « La légitimité culturelle en questions », *in* Bernard Lahire (dir.), *Le travail sociologique de Pierre Bourdieu. Dettes et critiques*, Paris, La Découverte, 1999.

La stratification sociale des attitudes culturelles à l'épreuve de l'éclectisme des goûts et des pratiques

Au début des années 1990, l'idée s'est fait jour que l'attitude culturelle des classes supérieures se caractériserait désormais davantage par la diversité des répertoires de goûts et des pratiques que par la familiarité avec les arts savants. Cette thèse, formulée à l'époque en France par Olivier Donnat, à l'appui de l'examen rétrospectif des enquêtes sur les pratiques culturelles menées au cours des vingt années précédentes[1], a été popularisée à travers la métaphore de l'*omnivore.*

Symptomatiquement, c'est au sujet des goûts musicaux, que Pierre Bourdieu désignait comme particulièrement « classants[2] », que deux sociologues américains, Richard Peterson et Albert Simkus, ont initialement signalé l'émergence d'une différenciation des

1. Voir Olivier Donnat, *Les Français face à la culture. De l'exclusion à l'éclectisme*, Paris, La Découverte, 1994.

2. « Il n'y a rien qui, autant que les goûts en musique, permette d'affirmer sa "classe", rien aussi par quoi on soit aussi infailliblement classé » (Pierre Bourdieu, *Questions de sociologie*, Paris, Editions de Minuit, 1984, p. 155).

attitudes culturelles fondée sur la variété des goûts, en montrant que les membres des classes supérieures américaines se caractérisaient certes par une familiarité avec la musique classique et l'opéra plus élevée que la moyenne mais plus encore par des préférences situées à la fois dans les genres savants et populaires.

A l'opposé, les préférences observées dans les classes populaires tranchaient par la fréquence de profils d'amateurs exclusifs de musiques populaires relevant d'un nombre très restreint de genres ou de répertoires.

Ainsi, la stratification sociale des attitudes s'apparenterait-elle moins à une échelle qu'à une pyramide inversée, où la faible diversité des goûts manifestée au bas de la hiérarchie sociale s'opposerait au large éventail des préférences mises en avant dans les classes supérieures[1].

Les observations effectuées depuis lors en dehors du seul domaine musical, non seulement en Amérique du Nord et en Europe

---

1. Cf. Richard A. Peterson et Alfred Simkus, « How Musical Tastes Mark Occupational Status Groups », *in* Michèle Lamont et Marcel Fournier (dir.), *Cultivating Differences. Symbolic Boundaries and the Making of Inequality*, Chicago, Londres, The University of Chicago Press, 1992, pp. 152-186.

occidentale, mais aussi dans certains pays d'Europe de l'Est ou d'Amérique latine, font apparaître des tendances convergentes. Globalement, les individus les plus éclectiques dans leurs goûts et leurs pratiques tendent à l'être dans l'ensemble de leurs registres d'activités[1].

Ces observations, qui alimentent, à l'extrême, l'idée d'une extinction des normes de légitimité culturelle, sont toutefois d'interprétation délicate. On peut ainsi penser qu'elles participent davantage d'une redéfinition que d'un affaiblissement des frontières symboliques dressées entre les groupes sociaux.

Voracité culturelle et diversité esthétique

Une partie des divergences d'interprétation que suscite le constat de montée de l'éclectisme des goûts et de brouillage des frontières entre registres savants et populaires dérive pour partie de l'amalgame de niveaux d'observation différents dont procède, dans sa généralité, la métaphore de l'*omnivore* et de l'*univore*.

1. Pour un aperçu synthétique, voir Tak Wing Chan (dir.), *Social Status and Cultural Consumption*, Cambridge University Press, 2010.

Celle-ci recouvre en effet deux types de définition qui, pour l'une, renvoie essentiellement à la quantité de biens et de services culturels consommés, quel qu'en soit le contenu et, pour l'autre, désigne beaucoup plus précisément la cohabitation de registres de goûts et de pratiques situés à des niveaux culturels et esthétiques distincts.

Dans une première acception, la métaphore revêt une signification somme toute relativement triviale. Cette version « faible » de la métaphore correspond au fond davantage à l'image d'une certaine « voracité » culturelle[1], qui semble relever d'une disposition au cumul d'activités, positivement corrélée au niveau des ressources économiques et culturelles, et qui se manifeste dans une grande variétés d'activités de loisirs, sportives, culturelles ou autres : en pratiquer une prédispose à en pratiquer d'autres, et les pratiques intensives sont rarement exclusives les unes des autres[2]. Elle n'est toutefois pas totalement

---

1. Sur cette interprétation en termes de « voracité » culturelle, voir Tally Katz-Gerro et Oriel Sullivan, « The Omnivore Thesis Revisited : Voracious Cultural Consumers », *European Sociological Review*, 23 (2), 2007, pp.123-137.

2. Voir Philippe Coulangeon et Yannick Lemel, « Les pratiques culturelles et sportives des Français : arbitrage, diversité et cumul », *Economie et Statistique*, n° 423, 2009, pp. 3-30.

orthogonale aux questions de légitimité culturelle, puisque l'usage de la télévision semble échapper à cette logique de cumul : les téléspectateurs les plus assidus pratiquent peu d'autres activités de loisirs et, en sens inverse, la diversité des activités de loisirs est très négativement corrélée au temps consacré à la télévision, qu'elle frappe ainsi indirectement d'une indignité culturelle d'autant plus forte qu'elle va de pair avec l'étroitesse du répertoire de pratiques culturelles.

A un second niveau, la métaphore de l'*omnivore* et de l'*univore* désigne plus directement la propension à transgresser les frontières entre les répertoires savants et populaires, entre la culture académique et la culture de masse, mais aussi entre des registres rattachés à des aires culturelles différentes. Eclectisme et exotisme font ainsi bon ménage, comme on peut le voir dans certaines formes d'engouements pour les arts dit « premiers », les musiques traditionnelles, ou même encore les gastronomies exotiques[1]. Ce changement de niveau constitue ainsi beaucoup plus qu'une

1. Sur ce dernier exemple, voir Alan Warde, Lydia Martens et Wendy Olsen, « Consumption and the Problem of Variety : Cultural Omnivorousness, Social Distinction and Dining Out », *Sociology*, n° 33, 1999, pp. 105-127.

mise en abyme de la logique de cumul associée à la « voracité » culturelle. Cette version « forte » de la métaphore s'appuie en effet beaucoup plus que la précédente sur la qualification esthétique et culturelle des registres de pratiques et des profils d'attitudes. Ni l'une et ni l'autre de ces deux acceptions de la métaphore, mais plus particulièrement la seconde, ne signifie cependant nécessairement l'abolition des frontières symboliques entre les groupes sociaux et des normes de la légitimité culturelle.

Éclectisme culturel et distance de classe

L'éclectisme des goûts et des pratiques des classes supérieures n'est pas nécessairement synonyme d'un affaiblissement des frontières symboliques dressées entre les groupes sociaux. Il est sans doute davantage le signe d'une redéfinition que d'une extinction des normes de la légitimité culturelle. Par-delà le constat générique de diversité, il convient de prêter attention au type de transgressions dont relève un éclectisme qui s'exerce rarement tous azimuts, comme le relève la sociologue américaine Bethany Bryson dans un article au titre suggestif (« Anything But Heavy Metal », soit, à peu près, « tout ce que vous voulez, mais pas du heavy metal »), où elle montre, de nouveau au sujet des goûts musicaux, que si les membres des catégories supérieures expriment un éventail de goûts sensiblement plus large et plus diversifié que celui des autres catégories et débordant très largement le cadre des genres savants, ils manifestent aussi une distance assez prononcée à l'égard de genres tels que le rap ou, plus encore, le heavy metal, qui sont par ailleurs les plus appréciés par les catégories les plus faiblement diplômées et situées au plus bas de la hiérarchie sociale[1].

Les mêmes nuances s'observent plus largement dans l'ensemble des pratiques de diffusion massive. Ainsi, la télévision n'échappe-t-elle pas elle-même, dans le contexte d'une forte diversification des canaux de diffusion et de l'offre de programmes, à une certaine stratification de ses usages qui, comme le montre

1. Bethany Bryson, « Anything But Heavy Metal : Symbolic Exclusion and Musical Dislikes », *American Sociological Review*, n° 61, 1996, pp. 884-899.

l'enquête sur les pratiques culturelles des Français de 2008, s'exprime sans doute davantage à travers les aversions qu'à travers les préférences exprimées. Le palmarès des programmes les plus regardés par les cadres et par les ouvriers, analysé par Olivier Donnat dans l'ouvrage de synthèse des résultats de l'enquête, montre ainsi de manière attendue que les émissions purement distractives (en particulier les jeux) sont beaucoup moins prisées dans les ménages de cadres qu'elles ne le sont dans les ménages d'ouvriers[1]. Mais il montre aussi que les cadres et professions intellectuelles supérieures se distinguent moins par un attachement particulier à certains types de programmes – émissions culturelles, comme on pourrait le penser – ou à certaines chaînes – Arte ou chaînes thématiques diffusées par le réseau câblé ou le satellite – que par leur distance à l'égard des programmes à forte audience, confirmant ainsi cette sorte de rapport quasi honteux à une pratique souvent déniée ou dissimulée[2].

1. Voir Olivier Donnat, *Les pratiques culturelles des Français à l'ère numérique, Enquête 2008*, *op. cit.*, pp. 91-93.

2. Bernard Lahire évoque à ce titre la manière dont certains téléspectateurs « cultivés » décrivent leur usage de la télévision dans les termes du vice ou de l'addiction dont on cherche à se défaire. Cf. Bernard Lahire, *La culture des individus*, *op. cit.*

De même encore, en matière de cinéma, la stratification sociale du rejet semble-t-elle l'emporter sur celle de l'adhésion. La distribution des goûts renseignés dans cette même enquête (**tableau** 7) laisse certes entrevoir la spécificité d'un goût populaire pour les films de divertissement (*Les bronzés*, *Camping*, *Les visiteurs*) ou les mélodrames à grand spectacle (*Titanic*) et d'un goût « cultivé » pour des films relevant davantage d'un cinéma « d'auteur » (*La vie des autres*, *Le secret de Brokeback Mountain*). Mais certains films fantastiques (*Le seigneur des anneaux*), de science-fiction (*Star Wars*, *Matrix*) ou d'aventures (*Pirates des Caraïbes*) apparaissent toutefois identiquement appréciés dans les classes supérieures et les catégories populaires, et c'est bien davantage dans la distribution des rejets les plus affirmés (**tableau 8**) qui se manifestent en priorité, au sein des classes supérieures, au sujet de films tels *Brice de Nice* ou *Camping*, qui connaissent, dans les catégories populaires, leurs plus grands succès d'audience, que s'exprime la différenciation sociale des attitudes à l'égard du cinéma. En sens inverse, les films réputés plus confidentiels (*La vie des autres*, *Le secret de Brokeback Mountain*) ne figurent pas, dans les classes

Tableau 7 : Films appréciés selon la catégorie socio-professionnelle

Sur 100 personnes de chaque groupe, aiment particulièrement…	Agriculteurs	Commerçants et artisans	Professions libérales, chefs d'entreprises, cadres et professions intellectuelles supérieures,	Professions intermédiaires	Employés	Ouvriers	Ensemble
Les bronzés	34	39	20	30	31	40	32
Pirates des Caraïbes	5	16	13	17	14	17	15
Camping	11	18	7	15	14	16	14
Star Wars	2	13	19	18	8	14	13
Brice de Nice	5	3	2	5	5	7	5
Shrek	4	6	11	13	13	8	11
Matrix	3	7	12	13	8	12	10
Titanic	44	45	24	30	46	38	38
Le seigneur des anneaux	6	18	25	28	20	20	22
Astérix et Obélix	5	13	7	13	10	15	11
Les visiteurs	13	22	16	18	17	23	19
La vie des autres	2	3	20	8	3	1	6
Le secret de Brokeback Mountain	0	5	11	6	3	1	4

Source : Ministère de la Culture et de la Communication, Enquêtes sur les pratiques culturelles des Français 2008.
Champ : Actifs et ex-actifs de 15 ans et plus.

Tableau 8 : Films rejetés selon la catégorie socio-professionnelle

Sur 100 personnes de chaque groupe, n'aiment pas du tout ou n'ont pas envie de voir...	Agriculteurs	Commerçants et artisans	Professions libérales, chefs d'entreprises, cadres et professions intellectuelles supérieures,	Professions intermédiaires	Employés	Ouvriers	Ensemble
Les bronzés	3	4	8	6	6	5	6
Pirates des Caraïbes	5	6	6	5	5	4	5
Camping	4	10	13	10	7	6	8
Star Wars	19	22	17	19	26	21	21
Brice de Nice	8	24	26	22	18	16	20
Shrek	10	13	11	6	7	10	9
Matrix	11	16	14	13	15	15	14
Titanic	2	4	7	6	4	6	5
Le seigneur des anneaux	11	11	9	9	14	10	11
Astérix et Obélix	5	4	4	6	6	4	5
Les visiteurs	3	7	6	4	5	4	5
La vie des autres	1	5	2	4	3	6	4
Le secret de Brokeback Mountain	2	11	5	7	5	9	7

Source : Ministère de la Culture et de la Communication, Enquêtes sur les pratiques culturelles des Français 2008.
Champ : Actifs et ex-actifs de 15 ans et plus.

populaires, parmi les films les plus souvent rejetés, où ils apparaissent de fait bien davantage ignorés que dépréciés.

Au dégoût « actif » des classes supérieures semble ainsi s'opposer en quelque sorte la méconnaissance « passive » des classes populaires, caractéristique de la dissymétrie des rapports symboliques entre les groupes sociaux que l'on observe aussi dans cette même enquête dans le domaine des habitudes de lecture où, dans une liste pourtant volontairement constituée d'auteurs contemporains à succès, seule Danielle Steel ne rencontre pas chez les cadres supérieurs ou les professions intermédiaires, mais chez les employés, son taux de citation le plus élevé, contrairement à tous les autres auteurs de la liste[1].

Ainsi la seule modalité active du goût littéraire populaire semble-t-elle aujourd'hui concerner, sachant le taux de féminisation de

1. La liste d'auteurs soumise aux enquêtés, à qui il était demandé d'indiquer ceux dont ils avaient lu et particulièrement apprécié au moins un livre et, inversement, ceux qu'ils n'aimaient pas ou n'avaient pas envie de lire, comprenait les noms suivants : J.K. Rowling, Dan Brown, Marc Lévy, Michel Houellebecq, Danielle Steel, Amélie Nothomb, Mary Higgins Clark, Bernard Werber, Fred Vargas, Jean d'Ormesson, Stephen King, Zep, Goscinny.

la catégorie des employés, le lectorat féminin des romans sentimentaux.

On perçoit ainsi, au-delà de ces observations, combien l'éclectisme des goûts, lorsque celui-ci procède d'une incursion sélective dans des domaines éloignés de la définition canonique de la légitimité culturelle, relève d'une forme particulière de raffinement esthétique qui n'est tout compte fait sans doute guère moins distinctive que le commerce exclusif avec la culture savante, et ce d'autant plus que, comme le relevait il y a une vingtaine d'années Jean-Claude Passeron, celui-ci s'appuie sur une dissymétrie sociale et culturelle indûment occultée par la vision irénique d'une déhiérarchisation de l'univers des arts et de la culture[1].

1. « [L]'asymétrie des échanges symboliques ne se voit jamais autant que dans le privilège de symétrie dont disposent les dominants, qui peuvent à la fois puiser dans l'indignité culturelle des pratiques dominées le sentiment de leur propre dignité et dignifier en daignant les emprunter les pratiques indignes, redoublant ainsi, par l'exercice de ce pouvoir de réhabilitation, la certitude de leur légitimité. Pour dire les choses plus crûment, il n'y a pas lieu de décrire comme regard fasciné par la valeur ou la beauté de la culture populaire ce qui n'est jamais chez les dominants que l'exercice d'un droit de cuissage symbolique » (Claude Grignon et Jean-Claude Passeron, *Le savant et le populaire : misérabilisme et populisme en sociologie et en littérature*, Paris, Gallimard-Seuil, 1989, p. 61).

Ainsi, la stratification sociale des attitudes culturelles serait-elle désormais davantage fondée sur l'inégale plasticité des répertoires culturels, à travers la fréquentation d'univers culturels diversifiés dont la mobilisation tend à fonctionner comme une ressource de communication davantage que comme un capital de distinction. Les domaines du sport, du cinéma, de la chanson ou de la télévision constituent dans cet ordre d'idées des supports de communication et de sociabilité particulièrement mobilisés dans les conversations ordinaires, dont la maîtrise constituerait, du point de vue des dominants, une incitation à l'éclectisme jamais totalement dénuée d'une certaine condescendance[1]. Car si cette incitation fonctionne plus efficacement au sein des classes supérieures, c'est aussi parce que les relations de sociabilité obéissent elles-mêmes à une forte contrainte hiérarchique, en vertu de laquelle les interactions avec les personnes situées à un niveau inférieur de l'échelle des statuts sont en règle générale plus nombreuses

1. Un bon exemple des usages communicationnels de l'éclectisme dans un environnement hiérarchique figure dans l'analyse des loisirs des cadres d'une compagnie bancaire canadienne proposée par Bonnie Erickson *in* « Culture, Class, and Connection », *American Journal of Sociology*, 102 (1), 1996, pp. 217-251.

et plus fréquentes qu'avec les personnes situées à un niveau supérieur[1].

On peut également relier de ce fait la tendance à l'éclectisme culturel des classes dominantes aux formes contemporaines du management et de la gestion des ressources humaines qui, parce qu'elles privilégient la communication sur l'exercice vertical de l'autorité, favorisent aussi l'accumulation, au sein de ces catégories, d'une sorte de capital « multiculturel » dont la maîtrise n'est pas pour autant nécessairement synonyme d'équivalence symbolique généralisée[2].

Le franchissement des frontières revêt aussi du reste, à travers la disparité sociale des ressources et des opportunités d'expériences cosmopolites, une signification en apparence plus prosaïque, mais qui voit son rôle s'amplifier dans la structuration contemporaine des rapports symboliques entre les groupes sociaux.

---

1. Sur ces questions, voir Nan Lin, et Mary Dumin, « Access to Occupations through Social Ties », *Social Networks*, 8 (4), 1986, pp. 365-385, ainsi que Peter V. Marsden, « Core Discussion Networks of Americans », *American Sociological Review*, 52 (1), 1987, pp. 122-131.

2. Sur la stratification sociale des relations entre capital social et compétence culturelle, voir notamment Michael Relish, « It's not all education : Network measures as sources of cultural competency », *Poetics*, 25 (2-3), 1997, pp. 121-139.

Les fondements matériels de la différence culturelle

Une interprétation fréquente de la tendance à l'éclectisme évoque une capacité d'ouverture à la diversité inégalement répandue et fortement corrélée au niveau d'éducation, qui prolongerait, dans les catégories les plus éduquées, le libéralisme moral et culturel observé notamment dans l'ordre des attitudes politiques[1]. La métaphore de l'*omnivore* et de l'*univore* fait ainsi écho aux thèses anciennes du conservatisme moral et de l'autoritarisme des masses[2], opposé à la tolérance des élites éclairées. Bien des débats politiques contemporains – que l'on songe notamment à l'épisode du référendum sur le Traité constitutionnel européen de 2005 – sont du reste interprétés dans des termes qui opposent l'ouverture et le cosmopolitisme des élites « éclairées » au

1. Voir notamment Gérard Grunberg et Etienne Schweisguth, « Libéralisme culturel et libéralisme économique », *in* Daniel Boy et Nonna Mayer (dir.), *L'électeur français en questions*, Paris, Presses de la Fondation nationale des sciences politiques, 1990, pp. 45-69.

2. Cf. Theodor W. Adorno *et al.*, *The Authoritarian Personality*, New York, Harper, 1950, ainsi que Seymour Martin Lipset, *Political Man*, New York, Doubleday, 1960.

repli identitaire et à l'étroitesse de vues des classes populaires[1].

Le penchant à la diversité des goûts et des pratiques est ainsi parfois renvoyé à une disposition éthique et esthétique qui se manifesterait non seulement dans l'ordre des attitudes culturelles, mais aussi dans le domaine des mœurs ou des opinions. Ce parallèle occulte cependant ce que cette disposition – dont la naturalisation affleure dans certains usages des couples d'opposition *omnivore/univore*, *ouvert/fermé*, mais aussi *savant/populaire*, et sans doute plus encore *highbrow/lowbrow*[2] – doit à l'étendue, variable selon les groupes sociaux, des opportunités d'exposition à l'altérité culturelle, morale ou politique. Il convient plus largement de garder à l'esprit que les dispositions culturelles et les styles de vie se forment, se transmettent et se modifient sous la contrainte de ressources inégalement

1. Ce schème interprétatif est particulièrement mis en avant dans l'analyse des comportements politiques dans Jean Chiche, Brigitte Le Roux, Pascal Perrineau et Henri Rouanet, « L'espace politique des électeurs français à la fin des années 1990 », *Revue française de science politique*, 50 (3), juin 2000, pp. 463-487.

2. L'origine de ces deux termes, utilisée dans le monde anglo-saxon comme un équivalent de l'opposition du savant et du populaire, et issue du vocabulaire des physiologistes du XIXe siècle pour différencier les formes des crânes selon les races supérieures et inférieures, est à cet égard particulièrement éclairante.

distribuées. L'évolution des attributs symboliques de la domination n'est en ce sens pas dissociable de celle de la structure des inégalités.

La revanche des inégalités réelles

L'ensemble des sociétés occidentales connaissent, depuis le milieu des années 1980, un accroissement des inégalités de richesse, fortement concentré sur les tranches supérieures de la distribution des revenus et des patrimoines. Ce renforcement « par le haut » des inégalités de revenu et de niveau de vie rompt avec le « cercle vertueux » des Trente Glorieuses, où la redistribution partielle des gains de productivité aux salariés alimentait le développement de la consommation de masse et une relative standardisation des styles de vie.

En longue période, l'évolution de la distribution des revenus, mesurée par le rapport entre le décile supérieur (i.e. les 10 % des revenus les plus élevés) et le décile inférieur (i.e. les 10 % des revenus les plus faibles), est certes plutôt marquée, en France, par une réduction, particulièrement sensible entre les années 1970 et les années 1990, des inégalités relatives de niveau de vie[1]. Mais l'évolution du rapport inter-décile est aveugle aux évolutions intervenues, à un niveau plus fin, au sein même du décile supérieur où les revenus les plus élevés ont connu une progression beaucoup plus forte que celle de l'ensemble des revenus.

Cette concentration des inégalités au sommet de la pyramide des revenus, phénomène ancien, comme l'a bien montré l'ouvrage de Thomas Piketty sur l'histoire des hauts revenus en France au cours du XXe siècle[2], a connu un renforcement spectaculaire au cours des années récentes[3]. Ainsi, alors que l'ensemble des revenus ont connu en France, entre 2004 et 2007, une progression de l'ordre de 9 à 10 %, y compris au sein du décile supérieur des revenus pris dans sa globalité, les 0,01 % des revenus les plus élevés – environ 6 000 personnes – ont connu quant à eux des progressions de l'ordre de 40 %[4].

1. Voir *Les revenus et le patrimoine des ménages*, INSEE Références, Edition 2010, p. 93.

2. Voir Thomas Piketty, *Les hauts revenus en France au XXe siècle. Inégalités et redistributions, 1901-1998*, Paris, Grasset, 2001.

3. Voir Camille Landais, *Les hauts revenus en France (1998-2006) : Une explosion des inégalités ?*, Paris, Ecole d'économie de Paris, document de travail, juin 2007 (http://www.inegalites.fr/IMG/pdf/hautsrevenuslandais.pdf).

4. Voir Julie Solard, « Les très hauts revenus : des différences de plus en plus marquées entre 2004 et 2007 », in *Les revenus et le patrimoine des ménages, op. cit.*, pp. 45-64.

L'effet de cette envolée des très hauts revenus sur la structure des styles de vie, puisqu'il porte sur une population très peu nombreuse, est pourtant inévitablement limité. Celle-ci alimente sans doute, au sein de la frange (très) supérieure des revenus, la consommation ostensible de certains biens de luxe (bijoux, haute couture, mais aussi voitures de sport, berlines haut de gamme, 4 × 4), la pratique de loisirs onéreux, ou l'essor de dépenses de transport, d'hôtellerie et de restauration « haut de gamme » qui, par les effets d'imitation qu'ils encouragent, peuvent affecter les termes de la compétition statutaire entre les groupes sociaux. Pour autant, concentrés sur une portion réduite des classes supérieures, ces effets, difficilement mesurables et assez peu documentés, apparaissent des plus incertains. A défaut de bénéficier d'un relais institutionnel comparable à celui que l'Ecole, notamment, accorde aux normes de légitimité culturelle, on perçoit mal d'où l'étalage du luxe et de la richesse tirerait en lui-même une autorité symbolique telle qu'il puisse en quelque sorte constituer l'étalon à l'aune duquel s'organiserait désormais l'ensemble de la structure sociale des styles de vie.

L'effet de l'accroissement des inégalités de richesse est de ce point de vue sans doute davantage perceptible en ce qui concerne le renforcement de l'incarnation spatiale de la distance sociale. Par-delà les controverses sur la réalité du renforcement de la ségrégation sociale du territoire français au cours des années récentes, il règne ainsi un certain consensus sur le fait qu'*a minima*, la ségrégation des espaces les plus majoritairement peuplés de ménages des classes supérieures s'est renforcée[1]. La comparaison des données des recensements de 1990 et 1999, qui ne semble pas pleinement valider la thèse d'un « séparatisme social généralisé », semble en tout cas clairement l'indiquer[2].

Il se produit autrement dit en la matière aussi un renforcement « par le haut », corollaire

1. En la matière, deux thèses s'affrontent. Celle d'un « séparatisme social généralisé », défendue par Eric Maurin dans *Le ghetto français* (Paris, Le Seuil, 2004), et celle d'une relative stabilité de la ségrégation sociale, que viendrait seulement nuancer un renforcement sensible de l'homogénéité sociale des zones les plus bourgeoises, ainsi que l'avance Edmond Préteceille (« La ségrégation sociale a-t-elle augmenté ? », *Sociétés contemporaines*, 62 (2006/2), pp. 69-93.

2. C'est aussi, sur la base de données à caractère plus ethnographique, la thèse défendue par Michel Pinçon et Monique Pinçon-Charlot dans *Les ghettos du gotha : Comment la bourgeoisie défend ses espaces*, Paris, Le Seuil, 2007.

assez prévisible de l'envolée des prix immobiliers au cours de la période récente, qui frappe en priorité les zones les plus réservées des grandes agglomérations ainsi que certains espaces littoraux. Quelles que puissent être les formes de standardisation des loisirs, de la culture, des pratiques alimentaires ou des usages vestimentaires, les conditions de maîtrise de l'espace et les contraintes d'accès au logement constituent ainsi de puissantes forces de rappel de la stratification sociale des styles de vie, ainsi que le signalait déjà Maurice Halbwachs dans les années 1930 dans son cours sur les classes sociales[1].

---

1. « Bien qu'il y ait des magasins fréquentés surtout par les riches ou par les pauvres, on peut dire que la majorité des magasins d'alimentation ne distinguent pas de classes ; tous peuvent acheter les mêmes sortes d'aliments, et tous sont engagés ainsi à s'imiter de classe à classe. D'autre part, quant aux vêtements, on les porte dans la rue et les gens des différentes classes se confrontent, s'observent, si bien qu'une certaine uniformité à cet égard tend à s'établir. Il y a une certaine unité du marché pour les aliments et une certaine unité du marché pour le vêtement. Mais il n'en est pas de même pour les appartements. Il y a un marché des appartements riches, ou qui correspondent à une catégorie sociale élevée, et un autre marché qui correspond à la classe ouvrière » (Maurice Halbwachs, *Les classes sociales*, Paris, Presses universitaires de France, 2008, p. 129).

Un capital manifesté

Dans le domaine culturel, on peut aussi observer une tendance des populations à hauts revenus à favoriser l'appropriation physique des biens (œuvres d'art, meubles de collections), à l'instar de ce qui s'observe au sein de certaines fractions de la haute bourgeoisie traditionnelle[1], ou la fréquentation de lieux et d'équipements culturels d'accès réservé (galeries d'art, opéra, etc.). Le renforcement « par le haut » des inégalités de revenus tend de ce point de vue à accroître le rendement relatif des formes objectivées – ou « manifestées » – du capital culturel, par comparaison avec ses formes incorporées[2], comme en témoigne *a contrario* la désaffection relative des classes

1. Les travaux d'ethnographie de la haute bourgeoisie de Michel Pinçon et Michel Pinçon-Charlot ont ainsi montré à quel point certains intérieurs bourgeois, par la profusion de biens d'art, meubles et objets de collection, pouvaient s'apparenter à de véritables musées. Voir notamment Michel Pinçon et Monique Pinçon-Charlot, *Dans les beaux quartiers*, *op. cit.*

2. Dans la définition qu'il donne du concept de capital culturel, Pierre Bourdieu distingue trois formes distinctes. Une forme objectivée (biens culturels, livres, œuvres d'art, etc.), une forme institutionnalisée (titres scolaires) et une forme incorporée (*habitus* culturel, ensemble de dispositions construites par la socialisation). Cf. Pierre Bourdieu, « Les trois états du capital culturel », *Actes de la recherche en sciences sociales*, n° 30, 1979, pp. 3-6.

supérieures à l'égard de pratiques peu démonstratives, mais coûteuses en temps, comme la lecture, ou bien encore de registres culturels d'accès difficile au regard de bénéfices mondains limités, comme il en va sans doute aujourd'hui, notamment, dans le domaine musical, de la familiarité avec les répertoires savants, saisie, non seulement à travers la fréquentation des salles de concert, mais plus nettement encore, à travers les habitudes d'écoute de musique enregistrée.

La mise en perspective historique des profits de distinction attachés aux ressources culturelles vient du reste rappeler que ceux-ci sont originellement rarement indépendants de la hiérarchie des patrimoines et des écarts de revenus. Le raffinement des styles de vie, la différenciation sociale des goûts et des pratiques culturelles s'appuient en effet le plus souvent sur les différences préexistantes de niveau de richesse, dont ils contribuent à dissimuler la nature. Ce processus de conversion culturelle des écarts de richesse requiert l'épreuve du temps et ne relève pas à proprement parler d'une stratégie intentionnelle. Rien ne trahit même autant le philistin ou le « nouveau riche » que les maladresses et « fautes de goût » attachées à l'adoption délibérée de goûts et de manières « classantes ».

En revanche, la succession des générations expose les enfants des élites nouvelles au type de socialisation culturelle attaché aux élites traditionnelles (ségrégation résidentielle, scolarisation dans des écoles sélectives, endogénéité sociale des réseaux de fréquentations amicales) à la faveur de laquelle se forge la classe « naturelle » des dispositions éthiques et esthétiques de l'élite. Aussi le préjugé culturel à l'égard des nouveaux riches ne résiste-t-il guère à l'épreuve du temps, tant la fortune des « nouveaux riches » ne demeure jamais nouvelle très longtemps[1].

En sens inverse, si l'aura symbolique et le magistère culturel des élites déclinantes peuvent survivre un certain temps à leurs revers de fortune, la déchéance économique voue au fil du temps le style de vie des aristocraties déchues à la marginalité[2]. C'est aussi du reste à la faveur du renouvellement des élites économiques que se modifient les normes du

1. Voir sur ces questions les réflexions de Richard Wilkinson et Kate Pickett, qui soulignent, d'une manière générale, le caractère premier des inégalités de distribution des richesses dans la genèse des inégalités et de toutes les « pathologies » sociales, *The Spirit Level : Why Equality is Better for Everyone*, Londres, Penguin Books, 2010.

2. Que l'on pense par exemple à une pratique aussi aristocratique et aussi culturellement illégitime que la chasse à courre.

goût et que de nouvelles catégories de répertoires et de pratiques entrent dans la sphère de la culture légitime. A mesure que de nouveaux acteurs sociaux entrent en concurrence avec les élites installées et que de nouvelles formes de mécénat se portent sur des formes d'art plus éloignées du noyau des arts savants, la frontière entre culture savante et culture populaire tend ainsi à s'affaiblir, comme on le voit plus particulièrement dans les sociétés où le financement des arts et de la culture repose de manière essentielle sur la philanthropie des élites économiques, comme c'est le cas aux Etats-Unis et dans le monde anglo-saxon[1].

L'éclatement contemporain des normes de la légitimité culturelle est en ce sens structurellement lié à la pluralité des élites que la globalisation des échanges, en confrontant des systèmes marchands et des aires culturelles hétérogènes, met en concurrence les unes avec les autres. Cette internationalisation de l'économie des biens culturels constitue aussi

1. Sur ce thème, voir les analyses de Paul DiMaggio, « Cultural Entrepreneurship in Nineteenth Century Boston. The Creation of an Organizational Base for High Culture in America », *Media, Culture and Society* (4), 1982, pp. 33-50, et de Francie Ostrower, « The arts as cultural capital among elites : Bourdieu's theory reconsidered », *Poetics*, 26 (1), 1998, pp. 43-53.

une dimension de plus en plus importante de la structuration des rapports symboliques entre les classes, qui y prennent très inégalement part. La stratification sociale des conditions de maîtrise de l'espace s'incarne de ce point de vue dans l'accès très inégal aux ressources culturelles de la mondialisation.

Les rendements de la mobilité et du cosmopolitisme

La reconfiguration contemporaine des clivages sociaux et des hiérarchies statutaires offre de multiples indices d'un poids croissant des ressources de mobilité et des attributs du cosmopolitisme dans la structure des rapports de classe, comme l'a bien montré Anne-Catherine Wagner[1]. Cette évolution fait écho à certaines transformations morphologiques des classes dominantes : internationalisation des échanges et de la formation des élites, par contraste avec le repli local ou national, souvent contraint, des classes populaires, mobilité choisie des trajectoires

1. Voir Anne-Catherine Wagner, *Les classes sociales dans la mondialisation*, Paris, La Découverte, 2007.

professionnelles, par opposition avec la précarité subie de la condition des salariés d'exécution, jusque dans l'expérience migratoire, par opposition à l'expatriation choisie des carrières internationales de cadres. Une partie de ces attributs ne sont du reste pas totalement nouveaux. On trouve encore mention, dans le cours sur les classes sociales de Maurice Halbwachs, de l'orientation cosmopolite de l'aristocratie traditionnelle[1].

Dans le domaine de la culture et des loisirs, la distribution inégale des attributs positifs de la mondialité et de la mobilité se manifeste notamment dans les écarts de fréquence et de modalités de départs en vacances, en particulier pour ce qui concerne les départs à l'étranger qui, si l'on excepte les séjours à motif familial, demeurent nettement plus fréquents chez les cadres supérieurs, les professions libérales et les chefs d'entreprises[2].

Elle apparaît plus encore dans le domaine des compétences linguistiques, dont la diffusion épouse la hiérarchie des groupes socioprofessionnels : Anne-Catherine Wagner rap-

1. Voir Maurice Halbwachs, *op. cit.*, pp. 28-29.

2. Source : INSEE, Enquête permanente sur les conditions de vie des ménages 2004, cité par A.-C. Wagner, *op. cit.*, p. 87.

pelle ainsi que si plus des trois quarts des ouvriers français ne disposent d'aucune compétence linguistique étrangère, seuls 1/5e des cadres supérieurs sont dans ce cas[1]. Mais l'inégale distribution de ces attributs traverse aussi les classes supérieures elles-mêmes, au sein desquelles elle oppose, pour s'en tenir au critère de la compétence linguistique en anglais, les ingénieurs et les cadres techniques d'entreprises, du côté des plus anglophones, aux professions libérales et aux cadres de la fonction publique, du côté des moins anglophones.

Ces écarts reflètent vraisemblablement pour une grande part les contraintes et pré-requis propres à la culture professionnelle de ces différentes catégories, inégalement exposées aux contraintes et opportunités de l'internationalisation de l'activité et des échanges. De ce fait, les attributs de la compétence linguistique ne hiérarchisent pas les groupes sociaux de manière parfaitement identique à d'autres attributs de la compétence ou du capital culturel, comme le montre la projection, dans la **figure 4**, du nuage de points des groupes socio-professionnels, repérés, en abscisse, par la proportion de gros lecteurs (plus

1. Cf. Anne-Catherine Wagner, *op. cit.*, p. 43.

Figure 4 : Proportions de gros lecteurs et d'anglophones selon la catégorie socio-professionnelle – niveau détaillé

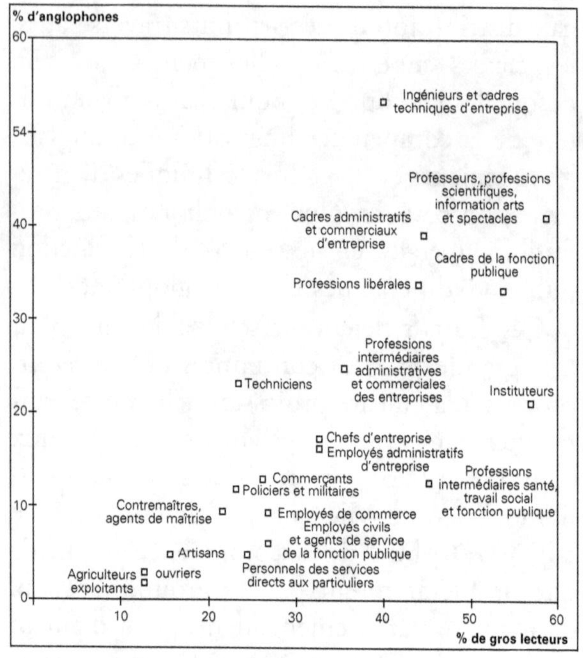

Source : INSEE, Enquête permanente sur les conditions de vie des ménages, 1999-2004.
Lecture : Dans la période 1999-2004, on rencontre, chez les agriculteurs exploitants, 13 % de gros lecteurs (plus d'un livre par mois) et 2 % d'anglophones (maîtrise des quatre compétences de base : lecture d'un journal, écriture d'une lettre, participation à une conversation et à un entretien téléphonique).

d'un livre par mois) et, en ordonnée, par la proportion d'anglophones présentant au moins quatre attributs de compétence en anglais (capacité à lire un journal, à tenir une conversation, à écrire une lettre et à participer à un entretien téléphonique en anglais), où l'on voit que les catégories comportant la plus grande proportion de gros lecteurs ne sont pas systématiquement celles où l'on rencontre le plus grand nombre d'anglophones, et inversement.

Pour autant que l'on tienne le pourcentage de gros lecteurs comme un indicateur du volume de capital culturel ou, si l'on préfère, de l'intensité du rapport à la culture légitime, et le pourcentage d'anglophones comme un indicateur de la quantité des ressources cosmopolites propres à chacune de ces catégories, on observe ainsi, au-delà de la hiérarchisation visible sur la diagonale du graphique, une différenciation, particulièrement nette dans les classes moyennes et supérieures, entre les catégories relativement mieux dotées du point de vue des compétences linguistiques que du point de vue de l'intensité du rapport à la culture légitime, et inversement. Ainsi, les ingénieurs et cadres techniques d'entreprises, situés au-dessus de toutes les autres composantes des classes supérieures du point de vue de la compétence anglophone, se situent au contraire en retrait de celles-ci s'agissant du pourcentage de gros lecteurs. Dans les classes moyennes, les techniciens et, dans une moindre mesure, les professions intermédiaires du privé, s'opposent ainsi, selon le même principe, aux instituteurs et aux professions intermédiaires du secteur public.

Plus largement, la maîtrise des attributs de la mobilité et du cosmopolitisme tranchent à plusieurs égards avec les profits de distinction tirés de la fréquentation des arts savants et des humanités.

En premier lieu, celle-ci constitue une ressource immédiatement rentable dans la vie sociale et professionnelle. Les profits du capital culturel cosmopolite ne sont de ce point de vue pas exclusivement ni même prioritairement symboliques. En second lieu, l'accès à ce capital mobilise un mixte de ressources économiques et culturelles et se concentre de ce fait dans des catégories où ces deux types de ressources coexistent. La maîtrise de ces attributs, qui va de pair avec le voyage, l'échange, la rencontre et valorise les arts de la conversation, tranche ainsi avec cette sorte d'ascèse culturelle que requiert l'acquisition des formes plus traditionnellement « savantes » du capital culturel. Autrement dit, la montée en puissance de ces nouveaux attributs culturels de la domination va de pair avec une maîtrise, symbolique et matérielle, de l'espace là où les formes anciennes du capital culturel sollicitaient beaucoup plus fortement celle du temps.

L'inversion du gradient social du loisir et du travail

Une des transformations les plus spectaculaires du mode de vie des classes supérieures contemporaines tient en effet à ce que, du fait notamment de la salarisation des fonctions de direction, de la pression exercée sur les postes d'encadrement par les impératifs de la compétitivité, ou encore de la proportion particulièrement élevée de ménages formés de couples biactifs au sein des classes supérieures, les dominants d'aujourd'hui sont, dans leur grande majorité, des dominants professionnellement actifs, et même suractifs, qui présentent des durées de travail sensiblement supérieures à la moyenne de celles des autres catégories sociales. En France, les durées hebdomadaires moyennes de travail des cadres sont ainsi aujourd'hui, en moyenne, plus élevées que celles des ouvriers ou des employés[1], y compris depuis l'abaissement du temps de travail consécutif aux lois sur les 35 heures de 1998 et 1999[2], et ce même lorsque sont contrôlés les effets du chômage et du sous-emploi (temps partiel contraint)[3].

Ces tendances, qui inversent la hiérarchie sociale traditionnelle du rapport entre temps de travail et temps de loisir, ironiquement soulignée, en son temps, par Staffan Linder, à travers l'expression de « *harried leisure class* » (classe de loisir « harassée ») selon le titre de l'ouvrage publié au début des années 1970[4], ne rendent toutefois pas totalement obsolète l'image traditionnelle de la « classe de loisir ».

---

1. Voir notamment les données, déjà anciennes, fournies par l'INSEE in Jean-David Fermanian, « Le temps de travail des cadres », *INSEE Première*, août 1999, n° 671.

2. Cf. Cédric Afsa et Pierre Biscourp, « La baisse de la durée du travail entre 1995 et 2001 », *INSEE Première*, janvier 2003, n° 881.

3. Cette tendance, initialement mise en évidence par Jonathan Gershuny (*Changing Times, Work and Leisure in Postindustrial Society*, Oxford, Oxford Universirty Press, 2000), est attestée pour la France par Alain Chenu et Nicolas Herpin (« Une pause dans la marche vers la civilisation des loisirs », *Economie et Statistique*, n° 352-353, pp. 15-37).

4. Voir Staffan Linder, *The Harried Leisure Class*, New York, Columbia University Press, 1970. Le livre a été traduit en français en 1982 sous un titre moins évocateur : *La ressource la plus rare*, Paris, Bonnel, 1982.

Il convient tout d'abord de relever que la porosité, très variable selon les groupes sociaux, du temps de travail et du temps de loisir, et la pénibilité très inégale des différentes situations de travail, perturbent la signification de cette inversion. Les formes d'épanouissement dans le loisir dépendent souvent très étroitement des conditions d'accomplissement personnel dans le travail, rendant assez largement incommensurables la condition des travailleurs salariés d'exécution les moins qualifiés, pour lesquels le travail reste souvent vécu sur le mode dominant de la « désutilité », et celle des travailleurs qualifiés et autonomes de la *Creative Class*[1], pour qui le travail constitue le lieu principal de la réalisation de soi[2].

De surcroît, les classes supérieures demeurent nettement privilégiées dans l'accès à des activités de loisir qui ne sont pas seulement conditionnées par la quantité de temps disponible. Ainsi, alors que les catégories les

1. Voir Richard Florida, *The Creative Class*, New York, Basic Books, 2002.

2. Sur ces questions, voir aussi les développements proposés par Pierre-Michel Menger in *Le travail créateur : s'accomplir dans l'incertain*, Paris, Gallimard-Seuil/Editions de l'EHESS, coll. « Hautes Etudes », 2009, en particulier chapitre 3, « Travail, structure sociale et consommation culturelle. Vers un échange de signification entre travail et loisir ? », pp. 141-163.

moins diplômées et les moins fortunées disposent au quotidien d'un temps libre relativement abondant dont la télévision occupe une part très importante, les catégories les mieux dotées, dont les contraintes de temps restreignent les loisirs du quotidien, y compris les plus légitimes, comme la lecture, se distinguent en revanche, et de plus en plus, par un accès privilégié à des loisirs plus coûteux, plus rares, qui requièrent une plus grande planification et un usage plus intensif d'un temps libre plus fortement rationné[1].

On comprend ainsi que le renforcement des contraintes sur les emplois du temps contribue en lui-même à affaiblir les dispositions ascétiques caractéristiques de la norme traditionnelle de la légitimité culturelle, et favorise, en sens inverse, un rapport plus démonstratif et plus extériorisé à la culture, à travers l'acquisition de biens et services onéreux, dont les profits de distinction demeurent particulièrement élevés, conformément aux observations anciennes de Veblen, si l'on se souvient que la dépense ostentatoire fonctionnait précisé-

1. Sur ces questions, voir Philippe Coulangeon, Pierre-Michel Menger et Ionela Roharik, « Les loisirs des actifs : un reflet de la stratification sociale », *Economie et Statistique*, 2002, n° 252-253, pp. 39-55.

ment selon lui pour la haute bourgeoisie américaine de la fin du XIXe siècle comme un substitut du privilège d'inactivité des aristocraties européennes d'Ancien Régime[1].

1. Cf. Thorstein Veblen, *op. cit.*

Conclusion

Mue par la nostalgie d'un ordre ancien assez largement idéalisé et socialement désincarné, la déploration contemporaine des ravages de la massification de l'Education et de la Culture s'inscrit dans une veine critique qui réunit des auteurs aussi éminents que divers dans leurs inspirations et leurs orientations théoriques. On distingue sans peine un pessimisme culturel plutôt conservateur, traversé par une méfiance impérieuse à l'égard de la nouveauté dans l'art, l'éducation ou la culture, dans lequel se sont notablement illustrés des auteurs comme Ortega y Gasset, Riesman ou Bell[1], d'un pessimisme culturel « progressiste », dominé

1. Cf. José Ortega y Gasset, *La révolte des masses*, Paris, Stock, 1937 (édition originale : 1929) ; David Riesman, *La foule solitaire : anatomie de la société moderne*, Paris, Arthaud, 1964 (édition originale : 1950) ; Daniel Bell, *Les contradictions culturelles du capitalisme*, Paris, Presses universitaires de France, 1976.

par le thème de l'aliénation et qui puise chez les philosophes de l'école de Francfort ou chez Hannah Arendt ses principaux arguments[1].

D'un côté, ce pessimisme culturel est soustendu par la peur du désordre, du nivellement, de l'anomie, de l'autre, la massification de la culture est au contraire perçue comme le garant de l'ordre social et comme le principal obstacle au changement, dans des sociétés où la pérennisation de la structure des inégalités – ou plutôt des rapports de classe – est assurée par l'aliénation culturelle des masses, privées des outils symboliques de leur mobilisation.

Il ne manque pas d'illustrations contemporaines de ces deux branches d'une même matrice, dont les ressemblances sont parfois plus grandes que les différences, comme on le voit chez Christopher Lasch, dont la critique de la dissolution des cultures populaires dans le narcissisme de la culture de masse s'arrime à une vision nostalgique de l'authenticité per-

---

1. Cf. Hannah Arendt, *La crise de la culture*, Paris, Gallimard, 1972 (édition originale : 1961) ; voir aussi, pour ce qui est des philosophes de l'école de Francfort, Theodor Adorno et Max Horkheimer, *La dialectique de la raison*, Paris, Gallimard, 1974 (édition originale : 1947)

due des particularismes, des terroirs, des racines, dont on discerne mal la visée émancipatrice[1].

Ces diverses conceptions ont en commun une certaine faiblesse empirique, et leurs formulations les plus radicales ne résistent guère à l'épreuve des faits. Aux pessimistes progressistes, la tradition des *Cultural Studies*[2] a de longue date offert une image un peu plus élaborée de la complexité et de l'ambivalence des rapports que les classes populaires entretiennent avec les produits de la culture de masse, capable à leur égard de cette « attention oblique » ou de cette « consommation nonchalante » évoquée par Richard Hoggart[3].

Aux pessimistes conservateurs, la lecture des enquêtes sur les pratiques culturelles peut apporter, à travers la démonstration d'une forte inertie des inégalités d'accès à la culture, un réconfort paradoxal : le « nivellement »

---

1. Cf. Christopher Lasch, *La culture du narcissisme. La vie américaine à un âge de déclin des espérances*, Castelnau-le-Lez, Climats, 2000 (édition originale : 1991).
2. Pour une introduction aux *Cultural Studies*, voir Armand Mattelart et Erik Neveu, *Introduction aux « Cultural Studies »*, Paris, La Découverte, 2008.
3. Cf. Richard Hoggart, *La culture du pauvre. Etude sur le style de vie des classes populaires en Angleterre*, Paris, Editions de Minuit, 1970 (édition originale : 1957).

n'est guère avéré, la hiérarchie des pratiques et des préférences demeure, même si elle se transforme, certaines pratiques parmi les plus légitimes sont certes en recul, mais la force des héritages familiaux et l'ampleur de la distance culturelle entre les classes constituent un puissant rempart contre l'anomie…

La vigueur présente des expressions contemporaines de ce pessimisme culturel naît en partie du désarroi causé, dans certaines franges des élites culturelles traditionnelles, par les changements qu'entraînent le développement de l'industrie de la culture de masse et la démocratisation de l'accès aux études longues. D'un côté, la massification de l'enseignement secondaire produit une élévation globale du niveau des ressources cognitives et des compétences culturelles, dont les jeunes générations sont principalement bénéficiaires. D'un autre côté, le développement d'une industrie du divertissement et de médias audiovisuels de masse qui ont considérablement accru leur emprise sur les imaginaires collectifs, contribue au brouillage de la frontière entre les registres savants et populaires qui se manifeste notamment à travers l'irruption des cultures juvéniles au sein même de l'institution scolaire, dont le magistère culturel se voit ainsi affaibli au moment même où l'enseignement secondaire se généralise.

Cet effritement du monopole culturel de l'Ecole se manifeste aussi, en aval, dans la montée de l'éclectisme des goûts et des pratiques des catégories culturellement favorisées, qui incarne en quelque sorte la forme contemporaine d'une légitimité culturelle fondée sur la diversité des ressources culturelles mobilisées.

Ces transformations modifient inévitablement la relation entre culture et éducation, non pas, comme l'affirment souvent les contempteurs de la massification scolaire, du fait de l'inflation des diplômes ou, dans un registre voisin, de la « baisse du niveau », mais en raison, d'une part, des transformations de la composition sociale de la population des lycéens et d'étudiants et, d'autre part, de l'affaiblissement mécanique du degré de sélectivité des cursus scolaires. De ce point de vue, la déploration de la « déculturation » des générations nouvelles de diplômés confine inévitablement – et, pourrait-on dire, nécessairement – à un refus même de la démocratisation de l'accès à l'éducation et à la culture. On ne peut déplorer ce relâchement du lien entre distinction culturelle et éducation, qui constitue le prix inévitable de la marche vers la démocratisation de l'accès au savoir, sans refuser du même coup le mouvement qui la sous-tend.

Fort préoccupés de la « barbarie » culturelle des masses – que celle-ci soit imputée aux ravages de l'industrie du divertissement ou simplement rabattue sur une caractéristique anthropologique du peuple, puisque telle est, au fond, la principale différence entre pessimisme culturel « de gauche » et pessimisme culturel « de droite » –, les contempteurs du déclin de la culture et des humanités se sont moindrement souciés d'un autre ordre de transformations qui affecte celui-ci les relations que les classes dominantes elles-mêmes entretiennent avec la culture[1].

L'alliance, dans les cercles du pouvoir, d'une forme de populisme culturel et d'une collusion décomplexée avec l'univers des grandes fortunes, que l'on retrouve dans diverses sociétés européennes, caricaturalement illustrée en France par le style présidentiel de

1. L'émission *Répliques*, produite et animée par Alain Finkielkraut sur France Culture, qui constitue sans doute en France la principale tribune médiatique du pessimisme culturel contemporain, aborde symptomatiquement très peu ces questions, au regard de l'attention portée aux périls culturels véhiculés par les « masses ».

Nicolas Sarkozy ou en Italie par Silvio Berlusconi, reflète sans doute pour partie un changement plus profond dans la structure des rapports de force internes aux classes supérieures, qui, en partie du fait de cet accroissement « par le haut » des inégalités de richesse désormais solidement établi comme une des tendances lourdes des deux dernières décennies, voit s'affaiblir le pouvoir conféré par les ressources scolaires et culturelles relativement à celui des ressources financières et patrimoniales.

Cette revanche des philistins peut se lire de diverses manières. Aux pessimistes culturels, elle offre un nouveau front de déploration, qui autorise, dans sa frange progressiste, un élitisme de bon aloi, puisque tourné vers les dominants. On peut aussi lire dans ce divorce entre pouvoir et culture l'opportunité d'un relâchement des arguments symboliques de la domination. Après tout, la dévalorisation de la valeur séculière des attributs traditionnels de la légitimité culturelle combinée à un certain brouillage des frontières entre les registres savants et populaires devrait logiquement réduire, au fil du temps, l'efficacité d'une violence symbolique qui peut, moins que par le passé, s'appuyer sur l'étanchéité de cultures de classes cohérentes et hiérarchisées. On peut aussi penser que la domination ostensible de « l'argent-roi », par définition moins sournoise que celle de la culture ou des manières légitimes, offre davantage prise à la révolte.

Il y aurait sans aucun doute quelque naïveté à adhérer sans réserve à cette lecture positive. Les formes émergentes d'une légitimité fondée sur un certain syncrétisme culturel peuvent aussi s'accommoder de l'exercice d'une domination d'autant plus efficace que, brouillage des frontières oblige, les principes en sont moins explicites. Il en va ainsi de la subtilité des règles d'engagement et de mobilisation de la pluralité des registres caractéristiques du penchant à l'éclectisme, qui rend plus inefficaces encore que par le passé les manifestations de « bonne volonté culturelle » fondées sur le mimétisme « scolaire » du goût et des pratiques légitimes.

Ce contexte n'en demeure pourtant pas moins porteur d'autres opportunités. L'éclatement des normes de la légitimité culturelle ouvre aussi la possibilité d'une valorisation, dans les politiques d'éducation comme dans celles de la culture, d'une pluralité des échelles d'excellence qui rompe avec l'alternative de l'élitisme étroit et du populisme condescendant, en renouant avec une visée émancipatrice dont la faible visibilité sociale ne diminue pas l'enjeu.

Table

Dans la collection Mondes Vécus

Clerc (Denis)	*La France des travailleurs pauvres*
Lacroix (Justine)	*La pensée française à l'épreuve de l'Europe*
Lussault (Michel)	*De la lutte des classes à la lutte des places*
Ogien (Ruwen)	*La Vie, la mort, l'Etat*
Peugny (Camille)	*Le Déclassement*
Sibille (Hugues) **Ghezali** (Tarik)	*Démocratiser l'économie*

Composé par Nord Compo Multimédia
7, rue de Fives, 59650 Villeneuve-d'Ascq

Achevé d'imprimer en mars 2011
N° d'édition : 16617 – N° d'impression :
Dépôt légal :

www.ingramcontent.com/pod-product-compliance
Lightning Source LLC
LaVergne TN
LVHW010104170826
845678LV00012B/2241

* 9 7 8 2 2 4 6 7 6 9 7 1 2 *